\ 鈴木翼の /

とっておきあそび大集合!

ひかりのくに

はじめに

「みんなが元気になるには」

この本の執筆を考えているときに東日本大震災が起きました。
神奈川県に住んでいる僕は、それから余震と停電と、毎日流れてくる
悲しいニュースなどで不安になり、
気持ちもなかなか盛り上がっていきませんでした。
でも、日本中が「今、できること」を考えていました。

僕にできること。
考えたときに出た答えは
「みんなが元気になる遊びや歌を作ること」でした。
子どもたちも、その子どもたちを支えている先生方も元気にしたい!
その思いで、この本の目ざすところが見えてきました。
日常の保育がワクワクするように!
落ち込んだ気持ちも元気になるように!
たくさんの不安を吹き飛ばせるように!

僕にしかできないこと。僕だからできること。
僕はここに記していきます。
子どもたちと現場の先生たちの
力になれることを信じて。
元気になる遊び、歌が盛りだくさんです!!

鈴木　翼

この本は…
一年を通して楽しめることまちがいなしの
とっておき遊びやお話、そして歌を収載しています。

1 すべての遊びが現場ウケ実証済!!

著者が実際に保育の現場で実践し、子どもたちにはもちろん、保育者にもウケたネタばかり。遊び、お話、歌と、子どもたちといっしょに盛り上がれる内容です。

2 季節に合った遊びを探せる

園の行事はもちろん、季節ごとに章立てしているので、時期に合うネタがすぐに見つかります。さらに、休み明けに役だつ遊びも載せています。

各章の紹介

第１章

とっておき
明日も園に来たくなるあそび

新学期や夏休みの後の登園は、子どもたちは不安になるもの。そんな気持ちを解消する遊びをご紹介。

第２章

とっておき
暖かくなってきたらこのあそび

春の心地良い季節にピッタリのとっておき遊びを紹介します。雨の日でも退屈しないおすすめゲームも。

第３章

とっておき
暑くなってきたらこのあそび

暑い夏は、水遊びや怖～いお話でヒンヤリしちゃいましょう。夏にピッタリのとっておき遊びです。

第４章

とっておき
涼しくなってきたらこのあそび

運動会やハロウィンなど、何かと行事が目白押しの秋。この季節にふさわしい盛り上がる遊びを紹介します。

第５章

とっておき
寒くなってきたらこのあそび

外に出るのもツラい季節。体を動かして寒さを吹き飛ばす遊びや、クリスマスにおすすめの遊びを紹介。

第６章

とっておきのうた

みんなで踊って歌えば、盛り上がることまちがいなし。著者のオリジナル曲から厳選しました。楽譜付き。

注　年齢設定はあくまでも目安です。子どもたちのようすや状況を見ながら遊びましょう。

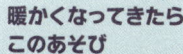

とっておき
第1章 明日も園に来たくなるあそび

とっておき
第2章 暖かくなってきたらこのあそび

とっておき
第5章 寒くなってきたら このあそび

とっておき
第6章 とっておきのうた

第1章

とっておき 明日も園に来たくなるあそび

第1章

とっておき
明日も園に来たくなるあそび
1

あれれ、昨日とようすが変わってる!?

2~5歳

手形のひみつ

4月に取ることが多い手形を使って、ちょっとファンタジック。
子どもたちのかわいい手形の中に、1枚だけおかしな手形が…!?

用意するもの

画用紙(サイズ・枚数は適宜)、朱肉、絵の具、絵筆、脱脂綿など

1 初日は「巨人の手形」を、子どもたちの手形の中に紛れ込ませます。まず、大人が手形を取り、朱肉を染み込ませた筆や脱脂綿などで縁取るように大きくしていくと、巨人の手形のように見えます。

POINT

- なるべく毎日手形を変えることで、子どもたちは「明日はどんな手形かな」「だれがきたかな」と登園が楽しみになる。

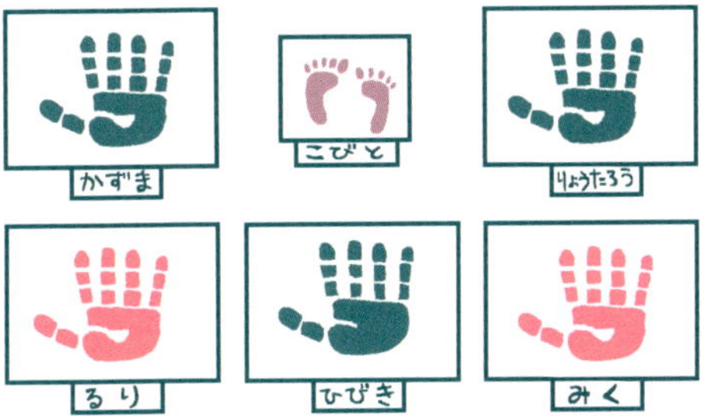
かずま
こびと
りょうたろう
るり
ひびき
みく

2

翌日は「小人の足形」を張り出します。手をグーにして、手の側面で跡を付けます。指は、小指に絵の具などを付けて、ぽんぽんと押していきます。すると、小さな足形のできあがり！

翼のちょこっとMEMO

名前も忘れずに！

子どもの手形と同様に、おかしな手形にも「きょじん」「こびと」などと名札を。真実味がアップしますよ！

うちゅうじん

3

翌々日は「宇宙人の手形」を張り出します。大人が手形を取り、指先をどんどん伸ばしたり、手形を重ねて指を多くしたりすると、人間とは違う異様な雰囲気の手形になるでしょう。

とっておきのコツ！

いろいろな動物の足形を作っても◎

この遊びは毎日の変化が大事。4～5歳の子には、キツネやカモシカなど、いろいろな動物の足跡から足形を作ってみるのもおすすめです。同様に「きつね」「かもしか」と名札を付けましょう。動物図鑑があれば、動物への関心がより高まるかもしれません。

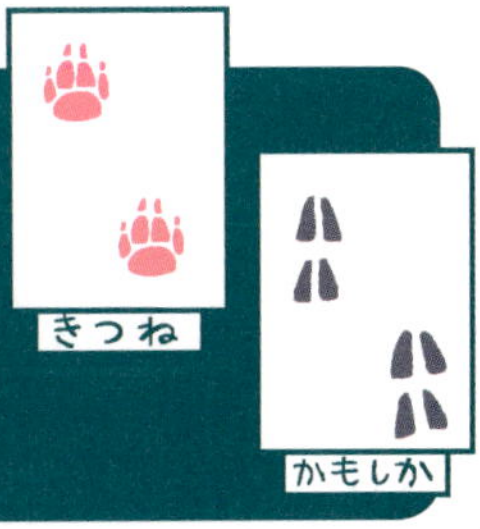
きつね
かもしか

第1章

とっておき
明日も園に来たくなるあそび
2

天気や季節で、毎回違う景色が見れちゃう!?

3~5歳

毎日がショータイム

同じ景色を眺めても、ちょっとした演出で楽しくなります。
さあ、今日も楽しいショータイムの始まりです!

用意するもの

おもちゃのマイク

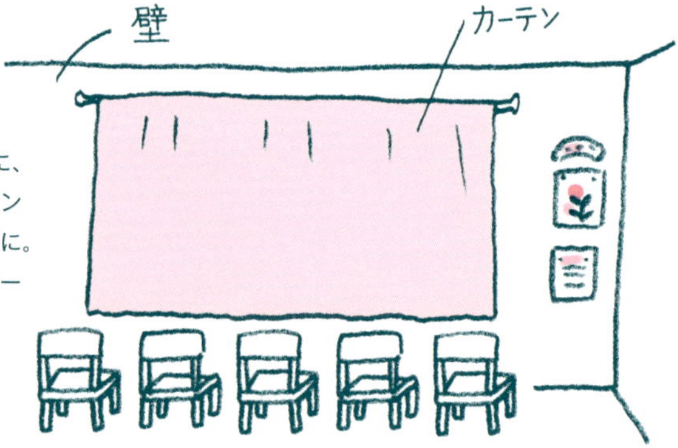

1

子どもたちが集まれるように、イスを窓際に並べます。コンサート会場のように2～3列に。舞台となる窓は、あらかじめカーテンで隠しておきます。

2

「さあ、今日はどんなショーがはじまるかな?」などと気分を盛り上げ、ドラムロールを口ずさみながら、「ジャーン!」とカーテンを勢いよくあけます。

POINT

- 年長さんは、1のイス並べからいっしょにやってもよい。
- 窓の外にもうひとり、別の先生に待機しておいてもらい、紙芝居や絵本を読み聞かせるのも楽しい。

3

「鳥が飛んでいます！」など、窓の外のようすを実況中継します。その後、子どもたちに前回のときとの違いを尋ねてみると、より盛り上がるでしょう。

4

しばらく外を眺めたら「これで今日のショータイムはおしまいです！　また明日！　拍手！」と言ってカーテンを閉めます。

とっておきのコツ！

アナウンサーになりきって実況を！

3では「雨です！　すごい雨！」「今日は雲が大きいですねえ。あれはパンの形かな？」「園長先生が通り過ぎました！」など、アナウンサーのように次々と実況中継をしてください。おもちゃのマイクがあればベスト。子どもたちが喜ぶことまちがいナシ！

第1章
とっておき
明日も園に
来たくなるあそび
3

園内のあちらこちらに、妖精を発見!

4~5歳

妖精のうわさ

子どもたちには目に見えない不思議なものが見えたりします。
先生も童心に返って、いっしょに妖精を探しに行きませんか?

用意するもの

紙、画用紙、リボン、穴あけパンチ

1

ひとりの子に、妖精の噂をこっそりと伝えます。「絶対に言っちゃダメだよ。秘密にできる？　あのね、風もないのにチューリップがかってに動いたり、葉っぱの音が人の話し声に聞こえたら、妖精が近くにいるんだって。だけど人間が怖いから、姿はなかなか見せてくれないらしいよ。これ、ないしょだよ」

いた!
動いた!

2

噂が広まったら、みんなで妖精探しへ。園庭のあちらこちらを観察しながら歩きます。しばらくすると、子どもたちから「あっ、動いた！」「聞こえたよ！」といった声が上がるでしょう。

POINT

- 先生が子どもたちの絵の写真を撮ってファイリングし、園内保管用の妖精図鑑を作っても楽しい。
- やりたくない子に無理強いはさせないこと。

3

妖精が見つかったら『妖精図鑑』を作ってみましょう。「どんな妖精が見えた？ 描いてみない？」などと言うと、チューリップの精、風の精など、子どもたちにしか見えない妖精が続々。パンチで穴をあけさせたら、表紙を付け、リボンで綴ってあげます。

4

画用紙を広げて、「妖精マップ」を作ってみても。「妖精はどこにいたかな？ みんなで描いて、地図を作ってみない？」と声をかけてみます。

翼のちょこっとMEMO

無理強いはNG

3も4も必須ではないので、無理強いはNG。遊びではなく「作業」になり、楽しめなくなってしまいます。

とっておきのコツ！

妖精の言葉を考えさせてみよう

「ねぇねぇ、この妖精はどんな言葉を話してる？」などと子どもたちに聞くと、「パピパピパピ〜って言ってるよ！」などと答えてくれます。子どもたちにはなぜか聞こえているのですね。園庭で妖精とお話ししている子どもがいたら、先生も耳を傾けてあげてください。

第1章

とっておき
明日も園に来たくなるあそび
4

お宝を目ざして、わくわく探検へゴー!

3~5歳

マジカルミステリーツアー

4月は、絵本をおとなしく読み聞かせるのもたいへんな時期。子どもたちが好きな探検とからめれば、絵本の時間も楽しく!

用意するもの

絵本または紙芝居、ラッピング袋（中身が見えないもの）、紙

1

「マジカルミステリーツアー」のチケットと地図を作りましょう。園内の簡単な地図を書き、宝の印を入れます。例えば本棚や押し入れなどに★マークを。ここが子どもたちの探検のゴールとなります。

翼のちょこっとMEMO

地図にひと工夫を

紙をくしゃくしゃにしてから使ったり、水に一度さらして乾かしてから書いたりすると雰囲気が出ますよ!

POINT

- 3歳の子どもたちは、先生がアドバイスをしながらゴールまで誘導してあげること。
- 4～5歳の子どもたちにはノーヒントで挑戦させる。

なにこれ!!

2

朝、子どもたちの目につくところに、チケットと地図を置いておきます。これらが届いた日は、探検の日。みんなで宝探しに出かけましょう！

3

★マークの場所に、あらかじめ宝を置いておきます。宝は、絵本か紙芝居。その日に読み聞かせたいものを、きんちゃく型のラッピング袋などに入れておきましょう。

4

子どもたちが宝を探し当てたら、探検はおしまい。みんなでその絵本（または紙芝居）を読みましょう。

とっておきのコツ！

チケットに「合言葉」を書いた日は……

時々、チケットに合言葉を書き、職員室や隣の組などをゴールに設定します。園長先生やほかの先生に協力してもらい、ゴールで子どもたちが合言葉を言ったら「よくぞ見つけた！」と宝をプレゼント。子どもたちにとって探検（＝絵本）がますます楽しくなります！

マジカル
ミステリー
ツアー
あいことばは「やま」

とっておき
明日も園に来たくなるあそび
5

第1章　あれ？　お顔がヘンになっちゃった！

1〜5歳

魔法の鏡

新学期や休み明けなど、子どもたちがソワソワする時期は
ちょっとした笑いや不思議で遊んでみましょう！

用意するもの

ビニールテープ（はがしやすいもの）、色画用紙、油性フェルトペン

1

保育室の鏡（姿見やトイレの鏡など）に、ビニールテープで太いまゆげ、ひげ、目、髪の毛、もみあげなどを張り付けます。子どもの顔の大きさに合わせることがポイント。鏡が複数あれば、何パターンか作っておきましょう。

翼のちょこっとMEMO

先生もへんな顔！？

時々、先生の顔を合わせてみます。「先生もへんな顔だ〜」などと言えば、子どもはもっと喜ぶはずです。

POINT

- 特に年少さんは休み明けに泣く子が多いので、楽しく気をそらせること。
- 子どもたちが苦手なトイレを楽しい場所に変える。

2

泣きながら登園してきた子どもをだっこし、鏡の前に連れて行きます。すると、あらら、不思議！　子どもはへんな顔になり、思わず笑ってしまいます。

3

画用紙で動物の面を作り、丸く切り抜いて、はっておいても。壁面に鏡がない場合は、子どもがのぞけるサイズのスタンドミラーを使ってもよいでしょう。

とっておきのコツ!

子どもに顔を変えさせてみると……

子どもたちが慣れてきたら、先生がビニールテープをはり換えるのではなく、子どもたちにやらせてみてもよいでしょう。特にトイレがおすすめ。子どもたちにとってトイレが楽しい場所になり、苦手意識を持っている子も気分を紛らわせられると思いますよ。

第1章

とっておき
明日も園に来たくなるあそび
6

ちょっぴりあやしげな振り付けが楽しい

3~5歳

なぞのおとこと なぞのおんな

楽譜123ページ

なぞの男&なぞの女が出すクイズにチャレンジ!
子どもたちが正解したら、先生の秘密を教えてあげてね。

1番

1 なぞ　2 なぞ

両手のひらを正面に向け、順番に顔の前へ。

3 なぞなぞ

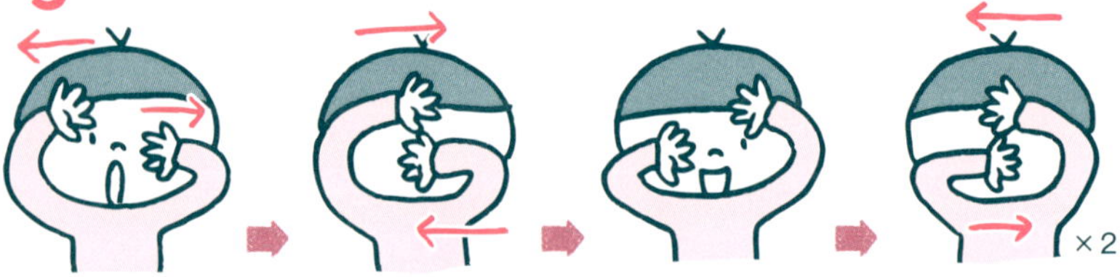

両手を互い違いに左右に動かし、手の間から顔を出したり隠したりする。

4 なぞの　5 おとこの　6 なぞなぞ

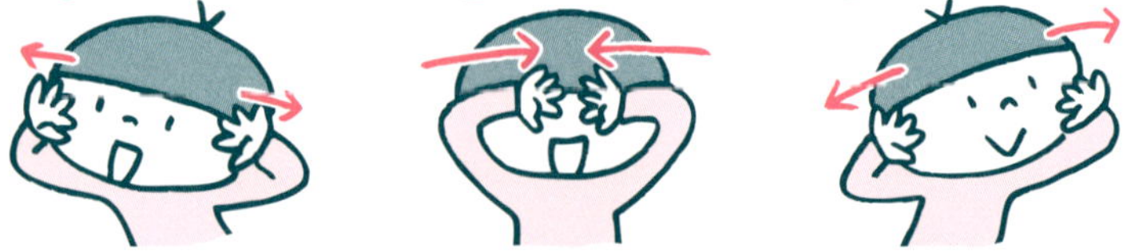

両手を広げながら、上半身を右へ乗り出して引く。一度両手を戻し、反対も同様に。

POINT

- 先生の秘密をなるべく多く用意しておくこと。
  先生に対する子どもたちの関心がアップし、距離が縮まる。
- 年長さんの場合、子どもにクイズを出させてみても。

1

先生がなぞの男、またはなぞの女に変身し、クイズを出します。先生の歌＆踊りで、子どもたちに楽しくチャレンジさせましょう。

2

子どもたちがなぞなぞに正解したら、先生の秘密を教えてあげます。例えば「ここに小さなホクロがあります！」など。どんなささいなことでも先生のことを知るきっかけとなり、子どもたちともっと仲よくなれるでしょう。

7 だいいちもん

問題を出題する。

子どもたちに答えてもらう。

8 わたしのなぞを　9 おしえてあげる　10 わたしのくつしたみずたま

両手を閉じてから開く。

靴下を見せる。

2番 10 わたしのここにはほくろ

ほくろの場所を指す。

3番 10 やっぱりおしえて　あげな　い

口に指を当て、最後は「教えてあげない」のポーズ。

第1章

とっておき
明日も園に
来たくなるあそび
7

いたずら大好きなコロボックルが出現!

3~5歳

いたずらコロボックルのかくしわざ

目に見えないコロボックル（伝説の小人）。でも、実は近くに住んでいる!?　想像を膨らませれば、毎日を楽しむきっかけに!

用意するもの

セロハン

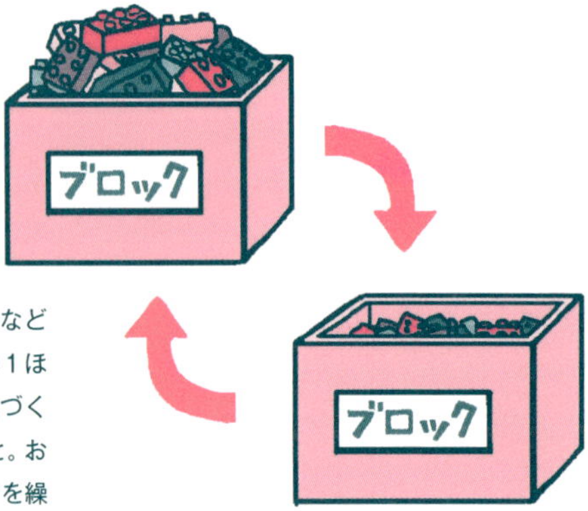

1

子どもたちが帰った後、ブロックなど数が多いおもちゃを半分～３分の１ほど、減らします。子どもたちが気づくまで、特に何も言わずにいること。おもちゃを減らす→増やす→減らすを繰り返しましょう。

2

朝、子どもたちに「なんで少ないの？」と聞かれたら、「知らないなぁ。みんな、どこかにない？」などと答えましょう。すると、子どもたちがおもちゃを探し始め、ふだん、しまい忘れていたり隠されているおもちゃが出てきたりします。

POINT

- 年長さんの場合、セロハンをはがしてしまう可能性があるので、机などに乗っても手の届かないところにはる。
- 子どもたちに人気のあるおもちゃは隠さないこと。

3

黒や紺色のセロハンをコロボックルの形にくり抜き、窓にはっておきます。光が当たると、コロボックルの影が保育室に現れます。子どもたちの手に届かず、光のよく当たる場所にはることがポイント。

4

コロボックルが現れたら、おもちゃの場所を変えます。いつもブロックがある場所に人形を置いたり、ほかのクラスの絵本やおもちゃを交換して、置いておくのも。「これ、〇〇組の絵本だよ！」と、子どもは気づいたりします。

とっておきのコツ!

コロボックルの数が増えると……

時々、コロボックルの数を一気に増やしても楽しいかもしれません。そんなときは、思い切っておもちゃを全部隠してみると、さらに盛り上がるかも。ただし、子どもたちに人気のあるおもちゃを隠すとトラブルの原因になることもあるので、避けてくださいね。

第1章

とっておき
明日も園に来たくなるあそび
8

キレイな音とともに、一日が始まる!

1~3歳

サウンド・オブ・ルーム

保育室を音の鳴る楽しいサウンドルームに変身させましょう。
楽しい音が、子どもたちの気分をわくわくさせてくれます!

用意するもの

乳酸菌飲料の容器、小さめのペットボトル、ミニプラスチック容器、穴あきおたま、いらなくなった鍵、釣り糸、鈴、米、豆(大豆、小豆など)

1 乳酸菌飲料の容器や小さめのペットボトル、フィルムケースなどに、お米や鈴、豆などを入れて密閉し、楽器を作ります。使わなくなった鍵が複数あれば、穴あきおたまに釣り糸でつるしてみましょう。ウインドーチャイムのように、美しい音が鳴ります。

翼のちょこっと MEMO

フィルムケースが便利

カメラ屋で「保育で使いたいので」と頼めば、譲ってもらえる可能性大です!

2 鍵をつり下げた穴あきおたまを、保育室の入り口につるします。落下しないように、しっかりと留めて。くぐるだけでキレイな音が鳴り、楽しい時間の始まりです!

POINT

- 子どもの動線に合わせて、音のルートを作ること。
- 毎日同じルートで、同じ動作をすることがカギ。一定のリズムができ、安心して保育生活を送れるようになる。

3

保育室のいろいろな所に、さまざまな音がするものをつり下げておきます。「順番に音を鳴らしていったら、ロッカーにたどり着いていた！」というふうに、子どもの動線に合わせるとスムースです。

4

子どもがよく使う場所にも、音が鳴るものをセット。例えば引き出しの中に鈴を仕掛けておけば、子どもが引き出しを開閉するたびに音が鳴ります。

ひっかき絵で秘密のカードを作ろう!

3~5歳

まっくろカードのひみつ

子どもたちが大好きな「秘密」や「魔法」がキーワード。
おなじみの造形遊びも、遊び方にちょっぴり工夫をプラス!

用意するもの

画用紙、クレヨン、つまようじ、新聞紙やシート（汚れないために）、手ふき用のぞうきん、ビニール袋

1

「まっくろカード」は、クレヨンで作る引っかき絵のこと。あらかじめ1枚作っておき、子どもたちに見せます。「ここにまっくろのカードがあります。夜みたいにまっくろ！　でもね、この魔法のちっちゃなつまようじで描いてみると……」と、黒いカードにつまようじで絵を描きます。

2

カラフルな色が出てきたら、子どもたちは興味シンシン。「まっくろのカード、どんどんキレイになったね。この秘密のカード、実は作れるけど……、やってみる?」と誘いましょう。

POINT

- 特に年少さんは、つまようじの扱いに注意すること。
- 画用紙が大きいと飽きてしまうので、小さめのサイズがベター。
3歳の子はB6、4～5歳の子はB5またはA4を目安に。

3

画用紙に適当に線を引いて分割し、いろいろな色のクレヨンで塗りつぶします。暖色のほうが、削った後、キレイに見えます。

4

続いて、黒のクレヨンで重ね塗りを。このとき「まっくろの秘密のカードにな～れ」と呪文のように唱えながら塗っていくと、わくわく感が高まります。

5

黒のクレヨンで塗り終わったら、つまようじを使って自由に絵を描きましょう。

とっておきのコツ！

子どもたちが家に持って帰るときは……

子どもたちは秘密のカードを保護者に見てもらいたいものです。持ち帰る際、クレヨンのかすで手やカバンの中が汚れないように、ビニール袋に入れてあげましょう。時間に余裕があれば、ラップでぴったりと包んであげるとベスト。そのまま家に飾ることができます。

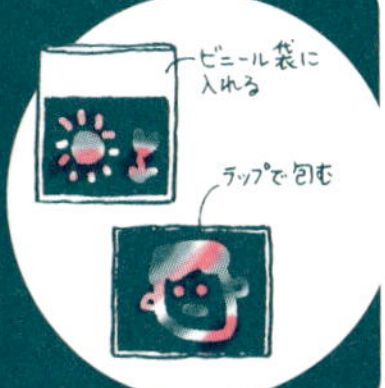

第1章
とっておき
明日も園に
来たくなるあそび
10

手のひらに乗せたお友達が動き出す!

2~5歳

ふしぎなともだち いつでもいっしょ

寂しいときも、悲しいときも、あっという間に楽しくなっちゃう!
いつもいっしょにいてくれる不思議な友達、作りませんか?

用意するもの

カラーセロハン、油性フェルトペン、ハサミ

アリ
テントウ虫
セロハン
ダンゴ虫

1

油性フェルトペンでセロハンに虫の絵を描いて切り取り、複数用意しておきます。子どもたちが好きなアリやテントウムシ、ダンゴムシなど、いろいろな虫を用意しておくといいでしょう。

2

「先生はお友達を連れてきました。アリンコです。さあ、これを手のひらに乗せると、どうなるかな……?　よーく見ていてね」と先生が声をかけると、子どもたちが集まってきます。

POINT

- 特に低年齢の子は、口に入れてしまわないように注意すること。
- 虫以外に、魚や鳥などの動物で作っても楽しい。

3

先生の手のひらのアリは、セロハンの性質によって動き始めます。「なんと、動き出しました！」などと盛り上げ、子どもたちに「ほかにもたくさん友達がいるから、みんなもやってみる？」と促して遊ばせます。

乾燥している手は×

手のひらが乾燥していると動かない場合があります。一度ぬらしたり温めたりしておくといいですよ！

4

子どもたちが慣れてきたら、セロハンに「自分の友達」を描かせて作ってみましょう。

とっておきのコツ！

「友達ボックス」でいつもいっしょ！

虫に飽きてきたら、魚などほかの動物で作っても楽しいでしょう。また、子どもたちがいつでもいっしょにいられるように「友だちボックス」を用意してあげても。カラー画用紙でふた付きのバッグを作ります。持ち手にはキレイなリボンを利用して、ホチキスで留めれば完成！

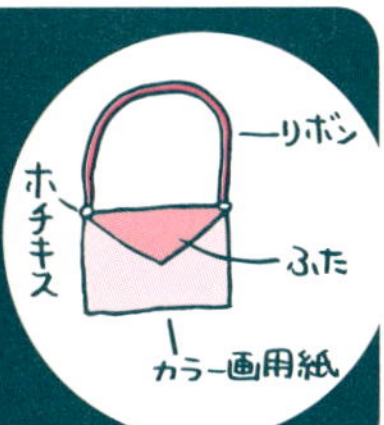

翼の保育 MEMO 1

保育者がワクワクしないと子どもも楽しめない!

保育者になって、よかったと思う瞬間があります。

子どもたちといっしょにひたすら泥団子を作ったり、砂の山を作って水を流して遊んだり、鬼ごっこをして思いっ切り走って笑ったりなんて、普通の会社勤めだったらできなかったと思います。子どもたちがいるから、泥の中にも入れる。子どもに戻れるなんて、すばらしいことだと思います。

でも、遊んでばかりでは保育は務まりません。大変なことのほうがもしかしたら多いかもしれません。だからこそ、遊ぶときはワクワクするものを選ぶようにしています。いろいろ悩んだ結果でした。

“子どもたちのために”と思うほど、僕の場合、保育の本質がどうしても小さくなっていったからです。“自分も楽しい”と思えるもの、それはとても大切なことなのではないかと思います。ワクワクしませんか?　保育は楽しいですよ。

第2章

とっておき

暖かくなってきたらこのあそび

第２章

とっておき 暖かくなってきたら このあそび 1

博士を目ざして実験を楽しもう!

3~5歳

博士の大大大実験 パート1

博士が考えた大大大実験!　今日の実験は何かな?
失敗は成功のもと。みんなで楽しくチャレンジしよう!

用意するもの

ペットボトル（500mℓ×２本）、黒い画用紙、
手鏡、おたま、フライ返し

火を使わずにお湯を作ろう!

1　ペットボトルを２本使います。
１本は黒い紙を巻いて日向に、
もう１本はそのまま日陰に、
しばらく置いておきます。

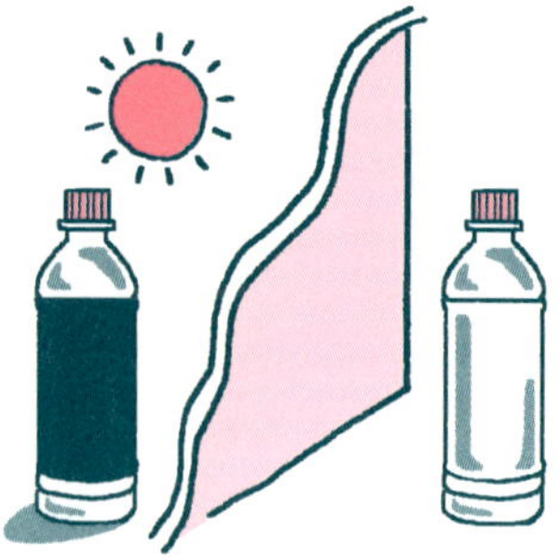

2　ある程度時間がたったら、
タライやバケツに移して、
子どもたちに触らせます。
あら、不思議!　１本はお
湯になっています。

POINT

- 『火を使わずにお湯を作ろう!』は、晴れ・曇り・雨の日と、天気によって実験結果がどうなるかを試してみるのもおすすめ。
- 『光でびっくり大実験!』では、光が目に当たらないように十分に注意すること。

光でびっくり大実験!

手鏡やおたま、フライ返しなど、ままごとの道具に太陽の光を反射させ、光を操ります。アルミホイルやお菓子の缶など、光を反射するものを探してみてもいいでしょう。

光を操れるようになったら、友達同士で光と光をぶつけてみたり、壁に光を照らしたりして遊びましょう。

※光は決してお友達の顔に当てないように約束しましょう。

翼のちょこっとMEMO

光はどこまで届く?

一列に並び、だれがいちばん遠くにあるものを光でタッチできるかを競ってみても。実験が盛り上がりますよ!

とっておきのコツ!

おまけの大実験にもチャレンジしよう!

CDと懐中電灯を使った実験を紹介します。暗闇の中で、図のようにCDの中心に懐中電灯で光を当ててみましょう。なんと、円状の虹ができます! 太陽の光だけではなく、この実験から、さまざまな光に興味を持つかもしれません。ぜひ試してみてくださいね。

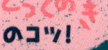

第２章

とっておき
暖かくなってきたら
このあそび
2

大切な虫たちにセレブな生活を!

3~5歳

むしたちのマンション（むしたちのビバリーヒルズ）

子どもたちが捕まえた虫に、お手製のマンションをご用意。
ちょっとリッチに「むしたちのビバリーヒルズ」と名づけよう!

用意するもの

四角いペットボトル２ℓ、ハサミやカッターナイフ、テープ、
油性フェルトペン、ラップ

1

２ℓのペットボトルの底を20センチほど切り、マンションの部屋を作ります。切り口にはテープをはります。「ゆいちゃんのだんごむし101号室」など油性フェルトペンで表札のように書いてあげましょう。

2

友達同士で部屋を重ねてみましょう。
あらら？　マンションのできあがり！

翼のちょこっと
MEMO

自分だけの部屋作り

ペットボトルの底に、子どもたち自身で色を付けたり模様を描いたりして、自分だけの部屋を作ってもOK!

POINT

- マンションを重ねることができるのは４歳くらいから。
- セレブな生活ができなくなったら、逃がしてあげること。

3

マンションはバラバラにできるので、園庭でお引っ越しを楽しみましょう。よりよい場所が見つかったら、そこに友達と新しいマンションを建てても。「このお花の近くにマンションを建てよう」という子が出てきたり、その場で新しい虫に出会えることがあります。

4

虫たちのセレブ生活を快適にするために、飼育のしかたなどを調べましょう。図鑑などを用意しておくと、子どもたちが気になったときにいつでも調べられます。

とっておきのコツ!

子どもたちが帰るとき、部屋の管理は？

子どもたちが帰るときや、ほかの遊びをしているときは、虫たちが逃げないように部屋にラップをかけてあげましょう。虫が窒息しないように、空気穴をあけることを忘れずに。子どもたちはこの遊びを通じて、虫などの生き物を大切にすることを学ぶはずです。

第２章

とっておき
暖かくなってきたら
このあそび
3

ワンランク上の光る泥団子作り!

4~5歳

子どもが主役！泥団子作り

暖かい時期ならではの遊び、泥団子作り。慣れてきたら
ピカピカと光る泥団子作りにチャレンジしてみましょう!

用意するもの

バットまたはバケツ、布（できればフリース素材）、
柔らかいシャツ、ビニール袋

1

大きめのバットなどに土を入れ、水を加えて泥状にします。そして、団子を作りましょう。このとき、木くずや石ころなどはなるべく取り除くようにします。

2

団子のように丸まったら、表面に普通の土をたっぷりとまぶしてコーティングします。

POINT

● クラスの中で泥団子作りが得意な子を「泥団子の名人」と設定。名人は、白砂のようによい砂がどこにあるのか、知っているもの。教えてもらって、みんなで探しに行くとよい。

3

ビニール袋に入れ、表面に水滴が出るまで1時間ほど休ませます。水滴が出たら布でふき取り、出なくなるまで休ませます。

4

白砂をかけてビニール袋に入れ、さらに1時間ほど、水滴が出るまで休ませます。水滴が出たら同じようにふき取りましょう。

5

最後に、フリース素材の布で磨きます。うまくできたら、光る泥団子の完成です！

とっておきのコツ！

泥団子を休ませておくときは……

泥団子を休ませておくとき、保管のしかたに注意してください。特に年少さんに、うっかりと割られてしまうことがあります。せっかく時間をかけて作っているのに、途中で壊れてしまったら悲しいもの。布でくるみ、棚の上に並べておいてあげるとよいでしょう。

第２章

とっておき
暖かくなってきたら
このあそび
4

お待たせ！　楽しい実験の第2弾！

4~5歳

博士の大大大実験 パート2

今回は水を使った大実験！　実験の結果はいかに！?
ちょっぴり科学的な要素も入って、不思議なことがいっぱい！

用意するもの

ペットボトル、受け皿、ビーカーや試験管など透明の瓶、透明のプラスチック容器、オリーブオイル、ゴマ油

●水を一瞬で氷にする実験

1　500mℓのペットボトルに水を7～8分目まで入れて、冷凍庫で冷やします。いっしょにお皿も冷やし、約4～5時間後、マイナス5℃になったら取り出します。

2　お皿に水をゆっくり注いでいくと、あら不思議！　なんと、注いだ瞬間から水が凍っていき、まるで氷のタワーのようになります！　ちなみに、これは過冷却という現象です。

POINT

- 白い手袋や白衣を用意すると、さらに実験が盛り上がってよい。
- 先生が実験して見せたら、子どもたちにもやらせてみよう。

混ざらない魔法の薬

1 ビーカーや試験管などにゴマ油とオリーブオイルを入れます。片方をAの薬が入った瓶、片方をBの薬が入った瓶と呼びましょう。

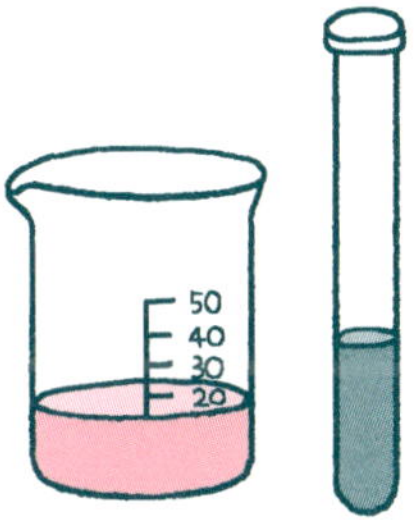

翼のちょこっとMEMO

比重が違えばOK

ゴマ油とオリーブオイルが混ざらないのは、比重が異なるため。ほかの油や液体で試してみてもいいですね。

2 「ふつう、水は混ざるよね？　コーヒーにミルクを入れたら混ざるよね？　でも、魔法の水はどうでしょう？」などと言い、透明の容器に、AとBの薬をゆっくりと交互に注いでいきます。すると、液体が混ざらず層になり、とっても不思議！　あくまで薬、または魔法の水であることを強調してください。

とっておきのコツ!

実験の雰囲気を盛り上げるために……

白い手袋や白衣を用意すると、実験らしい雰囲気が出て盛り上がります。上記の実験で使う容器は、試験管やビーカーのほか、おしゃれな瓶を用意してもいいですね。キーワードは「薬」や「魔法」。絵本に出てくるような不思議な魔法の瓶なら、子どもたちもさらに夢中に!

第２章

とっておき
暖かくなってきたら
このあそび
5

カフェ見学をして本物をまねっこ!

5歳

砂場でカフェラテ

砂場でカフェラテを作って、カフェごっこをしましょう!
その前にせっかくだから、カフェを見学してみませんか?

用意するもの

スコップ、水、透明のカップ、おたま

1

カフェラテはどんな場所で売られているのでしょうか？　実際にカフェなどに出かけて見学をしてみます。店員さんの作業や接客、メニューの中身など、ちょっと観察してみましょう。

翼のちょこっとMEMO

ぜひカフェ見学へ

大型ショッピングモール内のカフェなど、平日のすいている時間帯なら見学許可をもらえる可能性が!

POINT

- カフェ見学は、まずは必ず園長先生に相談を。OKがもらえたら、事前にお店に連絡して許可を取ること。
- カフェ見学時は、子どもたちが迷子にならないように保育者同士で連携して注意。

2 園に戻ったら、砂場でカフェラテ作りの始まり！　砂場に穴を掘り、水を勢いよく流すと、コーヒーが泡立ったような水ができます。

3 ２をおたまなどですくって透明のカップに注ぎます。しあげに白砂をかけると、カフェラテのできあがり！

4 カフェラテを使ってみんなでカフェごっこをして遊びましょう。本物のカフェで見学したことを思い出し、接客などもまねできるといいですね。

☆参考曲　『すなばでカフェラッテ』
（鈴木翼／作詞、中川ひろたか／作曲）

とっておき 暖かくなってきたら このあそび 6

子どもたちが大好きな忍者遊び！………その❶

2〜5歳

忍者への道 春の修行

忍者ごっこで楽しく遊びながら、心と体のトレーニング。
最初は日常生活のなにげない動作から始めましょう！

用意するもの

画用紙（忍者カード用の厚紙）、油性フェルトペン、折り紙

1

先生が「忍者への道」カードを作成します。カードに忍術名を記し、子どもたちがその忍術をマスターできたら、ハンコを押してあげます。「忍者からカードをもらってきたよ！」と言って配るもよし、各ロッカーの目だつところにはって「ある日突然、忍者から届いた！」といったふうに演出してもよし。カードは１年間、使用します。

翼のちょこっとMEMO

カードの形は自由

カードは、術ごとに１枚作って束ねていってもよいですし、スタンプラリーのように１枚にまとめてもOK。

POINT

- 最初に先生が楽しそうにお手本を見せること。
- 何よりも楽しむことが大事。特に年少さんの場合、必要に応じてサポートしてあげること。

2 初めに「ねこずわりの術」を教えます。先生の「ねこずわりの術！」の号令がかかったら、段差のある場所からネコのようにピョンと飛び降ります。片足ずつ静かに着地し、音がしたらNG。

3 続いて「もくとんの術」。先生の「もくとんの術！」の号令に合わせ、木に化けます。5～10秒など目安を決め、その間、動かないようにじっとしていられたら合格です。

4

次に「しゅりけんの術」です。好きな色の折り紙で手裏剣を折りましょう。子どもたちがひとりで折れるようになったら合格です！

5

最後、「うずらがくれの術」は、ウズラのように小さく丸まって身を隠す術です。「うずらがくれの術！」の号令がかかったら、いつでもパッと反応できなければいけません。先生から見てクリアできていれば、忍者カードにハンコを押してあげましょう。

とっておきのコツ！

春の修行がすべて合格できたら……

日常生活の中で行なえる修行は、まだまだあります。年少さんにはちょっと難しいかもしれませんが、子どもたちのようすを見ながら、ぜひトライしてみてください。

1.高跳びの術

生長が早い植物を植え、ジャンプして飛び越えます。植物が生長するにつれて難しくなりますが、その分、ジャンプ力が鍛えられる修行。子どもたちといっしょに水やりをして、植物の生長を楽しみながらチャレンジするといいですね。

2.分身の術

戸外遊びから保育室に戻るときも修行！カラー標識など目印になるものを５つほど並べて、ジグザグに、ぶつからないように素早くかわして保育室に入ります。これを繰り返すと、敏捷性が鍛えられ、「分身の術」ができるようになる、と言います。

翼の保育 MEMO 2

楽しさとうれしさと 準備の大切さと

保育者になって1年目。ある先輩保育士はいつも楽しそうに保育をしていました。その日もお昼前に年長の子どもたちとせっせと給食を持って外へ出ていくのです。ブールーシートを木の下に広げ、子どもたちも先生もとても楽しそう。「そうか。自分も楽しむことが大事なんだ」と思った僕は、実践しようと試みましたが、なかなかうまくいきませんでした。

そんなある日。園庭に水まきをしていたら、子どもたちがキャーキャー言いながら集まってきました。僕はここがチャンスだと思い、子どもに水を思いっ切りかけてみたんです。もちろん子どもたちは大喜び!　どんどんエスカレートして、みんな洋服を脱いで、パンツ一丁になって遊んでいました。ほかのクラスの子どもたちも集まってきて、みんな泥んこに。これだ!　これが楽しむ保育だ!　僕も短パン1枚になって、ついには水たまりにむかって頭からダイブ。子どもたちもマネして泥んこダイブ! いい保育をしていると、そのときは思いました。でも、僕を呼ぶ主任の先生の声。「つばさくん。あのさ、着替えは持ってるの?」「えっ…?　着替え…?　Tシャツしかないです…」そこでハッとわれに返って周りを見渡すと、ほかの先生たちはあきれた顔。僕は何も準備をせずに始めてしまったのです。

「子どもたちと楽しむためには準備が必要なの。準備はしすぎることはないのよ」と先輩の先生。

準備は本当に大切だと思いました。でも、またいつの日かやりたいなと思います、あの泥だらけのダイブを。

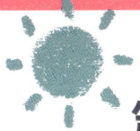

第3章

とっておき

暑くなってきたらこのあそび

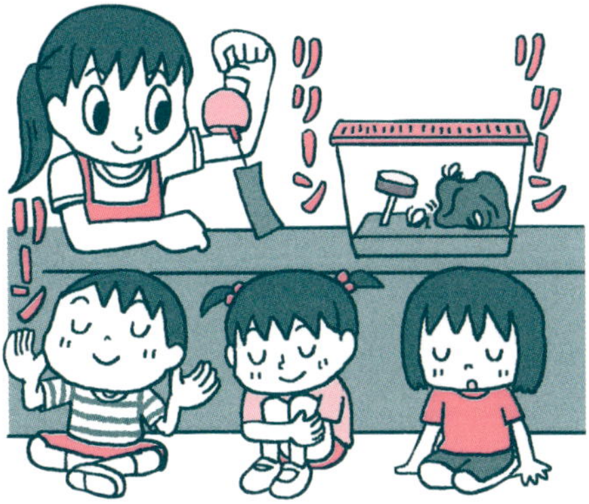

第３章

とっておき
暑くなってきたら
このあそび
1

怖～いオバケをみんなで退治!

4～5歳

われら ゴーストバスターズ

ひんや～り涼しくて、ちょっぴり怖い遊び。
みんなで力を合わせて、オバケを捕まえちゃいましょう!

用意するもの

タライやバケツなど、ドライアイス、水、うちわ、ビニール袋、油性フェルトペン

1

教材室などの狭い部屋にドライアイスをセット。出てきた冷気を充満させておきます。先生がひとり、布などをかぶって隠れ、うちわであおぐと、さらにモクモクして雰囲気が出ます。
※多量に吸い込まないように注意しましょう。

ドライアイス

ヒミツの袋だよ!

2

子どもたちに「あの部屋にオバケが住んでいるらしいよ。でもだいじょうぶ!　オバケを捕まえられる、ヒミツの袋を持ってきたよ」と話し、ビニール袋を配ります。袋にオバケの顔などを描いておくといいですね。

POINT

- 『お化けなんてないさ』(まきみのり/作詞・峯陽/作曲)を歌いながらオバケを捕まえても楽しい。

3

教材室のドアをそっと開けると、まっ白な冷気が漂ってきます。それを、袋で捕まえます! 袋の封をすると、まるでオバケを捕まえたよう!

4

捕まえたオバケは飾っておきましょう。ただし、ドライアイスはいずれ消え、袋がしぼみます。子どもたちと「オバケがいなくなったね」「やっつけたね」などと話しましょう。

とっておきのコツ!

怖〜いオバケと友達になる!

この遊びは、怖いオバケをみんなで退治するという設定です。しかし、「怖〜いオバケと友達になって、仲よくなっちゃおう!」と声をかけてもいいですね。ビニール袋にかわいらしい顔を描いておけば、子どもたちは喜んで捕まえるかもしれません。

第３章

とっておき
暑くなってきたら
このあそび
2

雨が降った日の後のドキドキ遊び

3~5歳

葉っぱのオバケ

オバケの住む水たまり。水たまりに葉っぱを浮かべたり、石を入れたりするだけでなくちょっと想像力を働かせてみましょう。

用意するもの

いろいろな形の葉っぱ

1

さまざまな形や色の葉っぱに、手で口や目を切り抜いて、いろいろな表情をしたオバケの葉っぱを作り、園庭のあちこちにある水たまりにそっと浮かべておきます。

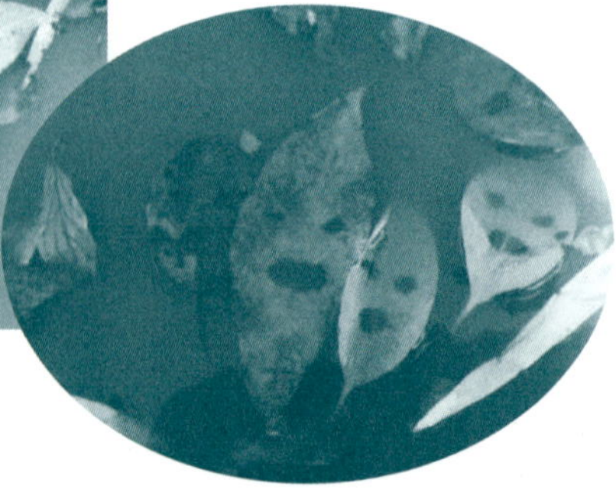

POINT

- 子どもたちいっしょに、葉っぱのオバケを作ると、とても楽しい。
- 雨が降った次の日などに遊べるから、梅雨の時期にもおすすめ。

2 子どもたちを水たまりの場所に連れていきます。子どものだれかが気づくまで、葉っぱのことはないしょにしておきます。だれか葉っぱの形がいつもと違うことに気づいたら、みんなに「葉っぱのオバケってどんな形？」などの言葉をかけてみましょう。

翼のちょこっとMEMO

ワクワクのために

切っていない葉っぱも、「あれもオバケに見えない？」と聞いてみると盛り上がるので、臨場感もアップしますよ。

第3章

とっておき
暑くなってきたら
このあそび
3

海の中で楽しいパーティーをしよう!

3~5歳

アンダー・ザ・シー

いつもの保育室が、いつの間にか海底に大変身!
みんなで深海パーティーごっこを楽しみましょう!

用意するもの

大きめのブルーシート、テーブル、スズランテープ、セロハン、厚紙、油性フェルトペン

1 保育室にブルーシートを敷いて海に見たて、テーブルやイスをセットします。子どもたちが登園する前に海を作っておきましょう。保育室の入り口は、水色のスズランテープをさらさらに細く裂いて飾り付けます。イカ・タコ・サメ・イルカなど、海の生き物でグループ分けをし、テーブルに印を置きます。セロハンでかたどったワカメや魚などを窓にはると、雰囲気がアップ!

POINT

- 窓にはるワカメや魚のセロハンは、子どもたちといっしょに作ってもよい。
- ほかの組の子どもたちを誘ってパーティーをしても楽しい。

2 みんなでご飯を食べてパーティーを楽しみましょう。波の音やハワイアンなBGMを流すとグッドです。

とっておきのコツ！

音とおやつでパーティーを楽しく！

パーティーを盛り上げるために音楽や波の音を。箱に小豆を入れて揺らすと、波の音になります。子どもが興味を持ったらやらせてみるといいでしょう。また、フルーツポンチやゼリーを作って、おやつにしても◎。見た目にも涼しげで、子どもたちも大喜びです！

第３章

とっておき
暑くなってきたら
このあそび
4

だれが一番強い海賊か!?

4~5歳

おれたち海賊

ストローでブクブクと水を吹いて、
相手の海賊船をひっくり返したチームが勝ち!

用意するもの

ペットボトルのふた、発泡トレイ、つまようじ、旗、ストロー

1 みんなで海賊船を作ります。発泡トレイをペットボトルのふたの大きさにちぎって詰め、そこへつまようじを刺し、つまようじに旗を付けます。

POINT

- ポリ袋やペットボトルのラベルを使うと、おもしろいマークの海賊旗ができる。
- 2～3チームに分かれて、対抗戦をしても楽しい!

2

大きめのタライに水を張り、海賊船を浮かべます。ひとり1本ずつストローを配り、海賊船がひっくり返るようにブクブクと水を吹きます。ひっくり返ってしまったほうが負けです。

第３章

とっておき
暑くなってきたら
このあそび
5

ほら、みんなで耳を澄ましてごらん？

3~5歳

音で涼しくなろう

体を冷やすだけではなく、五感で涼を感じることも大切。
クイズや探検を楽しみながら、耳からひんやり涼しくなろう！

用意するもの

風鈴、スズムシなど涼しい音のするもの

1 風鈴、スズムシなど、涼しくなる音を用意します。子どもたちに目をつぶらせ、音を聴かせて「涼しい音がするよね。これは何の音かわかるかな？」とクイズのように当てっこ遊びをしましょう。

翼のちょこっとMEMO

涼しい音いろいろ

バンブーチャイムやレインスティックの音色、波の音、小川のせせらぎの音なども涼しさを感じられます！

2 子どもたちに家から涼しい音がするものを持ってきてもらいましょう。何を持ってきてくれるでしょうか？　ただし、無理強いはNGです。

POINT

- 涼しい音を聴く前と後でどんな変化があったか、子どもたちに聞いてみるとよい。
- 涼しい音で遊べるコーナーを作っても。

3

みんなで涼しい音を探しに行きましょう！　例えば園庭に出て、木に耳をくっつけてみます。

4

屋根から水を流し、雨どいから流れる音を聴かせてみましょう。涼を感じられるかもしれません。

とっておきのコツ！

いつでも涼しい音で遊べるように……

保育室に「涼しい音で遊べるコーナー」を作れば、子どもたちがいつでも遊ぶことができます。子どもたちが家から持ってきたものも含め、保育室に置いておいても差し支えないものを入れておきましょう。きんちゃくにあずきを入れたものも、涼しい音が出ますよ！
涼しい音を聞く前と聞いたあとでは、どうだったか、涼しくなったかなどを感じてみましょう。

第３章

とっておき
暑くなってきたら
このあそび
6

みんなで風を操って、夏を涼しく!

3~5歳

うちわでひんやり風使い

さあ、みんなで風を操る「風使い」になりましょう!
楽しいことはもちろん、うちわを使うことで省エネにもなります。

用意するもの

うちわ、タライ、絵の具、スズランテープ、氷、水

1 「風使い」になるためには、まず、風を見ることから始めます。たらいに張った水に、濃い目に溶いた絵の具をたらします。絵の具が広がったら、うちわであおぎましょう。風が吹いた分だけ絵の具が動き、風が目に見えます。

2 スズランテープ（30㎝くらい）を10本ほどたらしてあおぎます。風が吹くと揺れるため、風を感じることができます。

POINT

- 1で使う絵の具は濃い色のほうがよく見えるのでおすすめ。
- 特に年少さんはびしょぬれになる可能性が高いので、タオルや替えの服を用意しておくとよい。

3 水道の水を出し、うちわであおぐと、水が飛びます。遠くに飛ばすほど、風を扱えたことになります。

4 タライに氷と水を入れてあおぎ、涼しい風を起こします。

5 風を操る「風使い」になりきって、先生や友達をあおいでみましょう。

とっておきのコツ!

「風使いグランプリ」を開催!

園長先生やほかの先生に審査員になってもらい、「風使いグランプリ」を開催。5のように、審査員をあおぎます。グランプリの子、1番ではなくても涼しくあおげた子には「風仙人」の称号とうちわをプレゼント。うちわにマーブリングをしたり鈴を付けたりするとグッド!

第３章

とっておき
暑くなってきたら
このあそび
7

だれが一番、涼しい場所を探せるかな？

3~5歳

冷たい場所を探して

涼しくなるためには、自分で涼しい場所を探すことも大事。
みんなで仲よく相談しながら、「ひんやり探し」をスタート！

用意するもの

特になし

1

「ねぇねぇ、今日は暑いから、涼しくなるために、みんなで冷たい場所を探さない？」などと子どもたちに声をかけます。ひんやりと冷たい場所はどこにあるのか、みんなで輪になって話し合いましょう。

2

木陰、風がよく吹くところ、日陰にある石、雨どいの近く、床、ドアノブなど、それぞれが思い思いに冷たい場所を探します。「本当につめたかったら（すずしかったら）、教えてね」と伝えておきます。

POINT

- 冷たい場所は、クーラーの効いてない場所から探すこと。
- 年長さんになると、押し入れや棚に閉じこもる子も。熱中症に注意しつつ、かくれんぼうではないことを教える。

3

「ここ、すずしいよー！」などと声が上がったら、みんなで行って確かめてみるとよいでしょう。

4

冷たい場所で、もっとひんやりすることを試してみましょう。屋外なら打ち水をすると、さらに涼を感じられます。

第３章

とっておき
暑くなってきたら
このあそび
8

楽しい実験、今回の不思議はなぁに?

3~5歳

博士の大大大実験 パート3

今回の博士の大実験は、季節の花や水を使ったもの。
暑い季節にぴったりの、涼やかで楽しい実験が始まります!

用意するもの

アサガオのつぼみまたは花びら、ビニール袋、透明の容器、酢、ベーキングパウダー、水、えんぴつ

液体の色が変わる!

1

紫色のアサガオのつぼみ、またはしぼんだ花びらを集めてビニール袋に入れます。ビニール袋に水を入れてもみ出し、いくつかの容器に入れておきます。

2

酢（酸性）、ベーキングパウダー（アルカリ性）を溶かした水、水道水（中性）を透明の容器に用意。それぞれに1を注いでいきます。すると、液体の色が早変わり！　酸性は赤に、アルカリ性は青～緑色に、中性は紫のままです。見た目にも涼しげで、子どもたちも大喜びです。

POINT

- 『液体の色が変わる!』の実験で、低年齢の子が液体を誤飲しないように注意。
- 低年齢の子は『われない、もれない水』の実験を怖がることがあるため、ようすを見ながら進めること。とがったえんぴつの取り扱いにも注意。

● われない、もれない水

1

最初に、ビニール袋に空気のみを入れて実験をしてみます。この場合、えんぴつを刺すと、しぼんでしまいます。それを確認したら、実験スタート！

2

まず、ビニール袋に水を入れてえんぴつを刺します。水がもれないことを確認して、どんどん刺していきます。子どもたちに参加してもらってもOK。割れないという不思議を体験して、外でえんぴつを抜きます。すると、あっという間に水がもれます。

第３章

とっておき
暑くなってきたら
このあそび
9

緑いっぱいのジャングルへようこそ！

3~5歳

ジャングルに住もう！

見ているだけで涼を感じられるグリーンカーテンで日よけを。保育室の中も緑で飾って、ジャングルタイムの始まりです！

用意するもの

ゴーヤ（ニガウリ）やアサガオ、キュウリなどのツル性植物の種（または苗）、プランター、土（肥料）、支柱、ネット、カチューシャ（動物の耳用）、新聞紙、画用紙（しっぽ用）

1 プランターにツル性植物の種または苗を植え、支柱とネットを設置し、グリーンカーテンを作ります。先生が「みんなでジャングルにしよう！」などと声をかけ、みんなで水やりをして育てましょう。

翼のちょこっとMEMO

便利なキットも！

ホームセンターなどに「グリーンカーテン」のキットが販売されています。それを利用するのも手ですよ！

POINT

- 飽きないように、ジャングルタイムは1回5分程度が○。
- 年長さんになったら、ほかの組の子どもたちなど客を招いて、ジャングルタイムを楽しむのもおすすめ。

2

保育室の中もジャングルのように飾り付けを。100円ショップなどで購入できるツタをあちこちに巻き付けたり、観葉植物を飾ったりして雰囲気を出します。

耳
たてがみ
しっぽ
ライオンだぁ

3

動物の耳やしっぽなどを作って子どもたちに付けると、さらに盛り上がります。

アアア〜
ウッホホ
のっし
のっし

4

いよいよ「ジャングルタイム」のスタート！　みんなで動物やターザンになりきって、歩き回ったり、机の下に隠れたりして遊びましょう。ジャングルらしい音楽を流すとベストです！

とっておきのコツ！

ジャングルのことを勉強しよう！

ツル性植物は種類によって生長の速度が異なるため、比較的早いものを選びましょう。育つまでの間、ぜひ子どもたちにジャングルのことを調べさせてみて。図鑑や絵本などを参考にしてイメージを膨らませられれば、ジャングルタイムがさらに楽しくなりますよ！

第３章

とっておき
暑くなってきたら
このおはなし
1

エコなオバケといっしょに、夏を涼しく!

3~5歳

ひんやりオバケ

子どもたちは、オバケの話や不思議な話に興味シンシン!
まずはようすを見ながら、短めのお話からどうぞ。

みんな、「ひんやりオバケ」って知ってる?
ひんやりオバケはひんやりした場所が好きで、木の陰や建物の陰に隠れているんだ。

姿は見えないし、声も聞こえないことが多いけれど、たまに見えたりするんだって。

日なたにはいないけど、
子どもが日陰に入って木に寄り掛かったり、座ったりしていると、
そおっとやってきて、「ふうーー」っと息を吹き掛けるんだって。

そうすると、背中がぞくぞくしてひんやりするの。

POINT

- ひんやりした場所で話すと、さらに楽しめる。
- 子どもが怖がっている場合は、最後の「ほら、うしろ！」「……あっ、いなかった」は省略するとよい。

もし、日陰に行って急に涼しくなったら、
それは「ひんやりオバケ」が近くにいる証拠だって。

だけど、別に怖いことをするわけじゃないし、
涼しくひんやりさせるだけだから、夏には会いたいオバケだね。
でも、姿を見たらぞっとするくらい怖いんだって。
今まで見た人はいないらしいけれど、ひんやりしたら、
「ありがとうね。ひんやりオバケさん」ってお礼を言うと、
そのまま消えちゃうみたい。
だから覚えておくといいかもね。

ほら、うしろ!
……あっ、いなかった。

おしまい

とっておきのコツ!

身ぶり手ぶりをつけて、明るい口調で

全話（P.64～71）に共通することですが、あまりおどろおどろしい話し方ではなく、明るくゆっくりとした口調で話すとよいでしょう。特に、怖がって泣いている子どもがいる場合は、明るい話し方に切り替えます。また、興奮して寝つけなくなる子どももいるので、お昼寝前のお話はNG。お昼寝後や、戸外遊びから戻ったときにします。

とっておき
暑くなってきたら
このおはなし
2

どこまでもついてくる足音にゾクゾク!

3~5歳

ついてくるのは?

怖いお話第２弾は、ある男の子の不思議な体験談です。
足音の主はだれなのか?　子どもたちはきっと夢中に!

ある夏の日。ある男の子が、友だちと遊んでいたらね、あっという間に辺りが暗くなってきちゃった。
それでね、友達と別れて、急いで家に向かったんだ。
暗いからちょっと怖くなって、走っていたんだけど、なんだか後ろからもうひとり走ってくるような感じがしたんだって。
「あっ、友達も怖くなって、いっしょの道を走って帰ることにしたんだな」と思って、後ろを見ずにそのまま走っていたんだ。
でも分かれ道がきたから、いったん止まって振り返ってみたんだって。
でもね、そうしたら、だれもいなかったんだって。おかしいなと思ったんだけど、ほかの道で帰ったのかもと思って、そのまま帰り道を急いだんだ。

ただ、途中で細い道を通らなくちゃいけなくてね。細い林の道を走っていたら、また後ろから足音がついてきた。
今度はすぐに振り返ってみたんだけど、そうしたら……、マラソンしているおじさんだった。
ホッとしてまた行くと、ぽつぽつと雨が降ってきたんだって。

POINT

- 低年齢の子どもに話すとき、また子どもがあまりに怖がっている場合は、「ぎゃー！」は省いて、驚かせすぎないこと。

それで、大きな木の下で雨宿りをしていたら、今度は木の上から「おーい」って呼ぶ声がするんだって。
こんな所で呼ぶわけがないと思うけど、見上げてみた。
そうしたらね…、フクロウだった。
ちょっと安心したんだけど、やっぱり怖くて、雨にぬれてもいいから、走って帰ることにしたんだって。
しばらく走っていたら、また足音がついてくるの。振り返ると、だれもいない。
もう本当に怖くなって、走って走って、どんどん走ったんだって。

そうしたら今度は「おーい、おーい! 待ってー!」っていう低い声と足音がついてくる。
ぜったいオバケだあ!　と思って夢中で逃げたんだけど、ついに後ろからガッ! と肩をつかまれたんだって。
「ぎゃーーーー!　オバケーーー!」って声をあげたら……、
「何がオバケだ。お父さんだよ」って言うんだ。
振り返ったら、そこにお父さんがいた。
「よかった、お父さんか。もう、びっくりさせないでよ。
じゃあ、さっきの足音だけのもお父さん?　隠れてたの?」
するとお父さん。
「足音だけのお父さん?　お父さんは今、おまえを見つけたんだぞ」
「じゃあ、あれは……?　あの足音は……、いったいなんだったんだろう」

♪おしまい♪

とっておき
暑くなってきたら
このおはなし
3

ちっちゃいオバケ

暑い夏にぴったりの怖いお話で、みんなでひんやりタイム。
第3弾は、ちっちゃくてかわいいオバケが登場します！

先生はね、大人になって、見えなくなっちゃったものが多いんだ。
でも、小さかったから怖くなかったのかもね。
今思うとちょっと怖いかも。怖いかもしれないお話、聞く？

先生が小さいころね、遊んでいると、
よくだれかに手を引っ張られること
があったのね。
急にビューンって引っ張られて公園
まで行ったり、
自転車に乗っているときに後ろか
ら押されたりしたの。
でも、危ないことはなかったのね。

それでね、またある日、手を引っ張られて着いたのがね、
見たこともない森だったの。
森って怖いからいやだったんだけど、ぐいぐいと森の中へ行くの。
そして、ちょうど森の真ん中くらいにきたときに、
少ししか光が当たらない大きな切り株があったのね。
そこに行ったら、手を引っ張っていたものの姿が見えてきたのね。
なんと……、ちっちゃいオバケたちだったの。

でも、ちっちゃいオバケたちは、ちょっと悲しそうな顔をしていたの。
なんでかなと思って聞いてみたら、「実は、ちょっと頼みたいことがあるんです」って、
とっても高くて小さな声で言うの。

POINT

- 怖がりな年少さんに話すときは、オバケのせりふを、地声より高めのかわいらしい声で。
- 年長さんの場合は、部屋を暗くして雰囲気づくりを。

「頼みたいことって、なに?」って聞いてみたら、
切り株の上にスーッと、
寝転んだオバケが出てきたのね。
どうやらそれが、ちっちゃいオバケの国の
女王様っていうの。
でも女王様は、今にも消えそうなの。
「どうして?」って聞いてみたら、
「最近は、いろんな所が明るくて、オバケのいる場所がなくなっているんです。
そして、怖がる子どもも少なくなっていて……。
女王様は、子どものびっくりした顔を見れば元気になるんです!
だから、あなたに助けてほしくて、ここまで呼んだのです」
それは大変!　女王様を助けなくちゃ。
でも、ちっちゃくてかわいいオバケたちを見ても、ぜんぜん驚けないのね。
そうしたら、一番年を取ったオバケがやってきて、こう言うの。
「それでは目をつぶってください。そして静かにしてください」
そうしたら、生温かい風が吹いてきて、背筋がだんだんゾクゾクしてきたんだって。

そして……、次の瞬間。
「わああああああ!!」ってオバケが大声を上げたの!
びっくりして「ぎゃああああ!!」って声を上げたら、
オバケたちは大喜び。目を開けた先には、元気になった女王様が笑っていたの。
「ありがとう!　あなたのおかげで元気になれました。
これからはもっと驚かせて、オバケの怖さを伝えていきますわ」
そう言って、風とともに消えていっちゃった。なんだかちょっとドキドキして
怖かったけど、それ以来もう、あのオバケたちには二度と会えなかったんだ。
もしかしたら、夢だったのかな?

おしまい♪

とっておき
暑くなってきたら
このおはなし
4

第３章

忘れ物をしちゃった男の子の運命は⁉

3~5歳

放課後の教室

第４弾は、化けキツネのちょっと長めのお話です。
ひんやり怖～いお話を、子どもたちは静かに聞き入ります!

友達の友達から聞いた話なんだけどね、ある小学生の男の子が、宿題を学校に忘れて、取りに戻ることにしたんだって。でも、もう辺りが暗くなり始めていて、学校に着いたころには、すっかり暗くなっちゃった。怖かったんだけど、学校の中に入ったんだって。中は静かで、聞こえてくるのは、風が窓をたたく音だけ。それでね、教室は一番はしっこにあったから、玄関から長～い廊下を歩いていかないといけないのね。怖いから、走ろうとしたそのとき。横からだれかに見られているような感じがして、おそるおそる見てみたんだって。そうしたら、なんと男の子がこっちをじーっと見てる! 「ぎゃあ あ!」って言ったら、向こうも「ぎゃああ!」って言って、「うひゃああ!」って言うと「うひゃあ あ!」って言うわけ。なんかおかしいなあと思って、よ～く見ると、なんだか見たことがあるんだ。その子……、自分だった。そう、鏡だったの。

よかったと思って、また歩いていたら、今度は黒い塊がヒュッて通り過ぎてね。「わっ!」ってびっくりしたんだけど、その黒い塊が言ったんだって。「ニャア」って。なんだ、ネコだったんだ。でも、まだ怖いから、急いで教室まで走った。
なんとか教室に着いて、ドアを開けようとしたら、なんと鍵が掛かっていてあかないの。

しーん
くる…
チラッ

あれ? と思いながらガチャガチャしていたら、後ろからガシッてつかまれたんだ! 「オバケーー!!」って叫んだら「なにがオバケだ。こんな遅い時間に、なにやってるんだ」って言うから、振り返ったら先生だった。
「よかったー。オバケかと思った」「こんな時間になにをやってるんだ。もうみんなとっくに帰ったぞ」「先生、宿題を忘れちゃって

POINT

- 年長さんに話すときは、「ぎゃああ！」など叫び声の音量を上げると怖さが増す。年少さんの場合はやや抑え目に。
- 雨や曇りの日に廊下で話すと、雰囲気が出てよい。

……。鍵が閉まっていてあかないから、あけてくれますか？」「しょうがないなぁ。まったく」と言いながら、先生は鍵をあけてくれたんだ。それで、急いで教室の中に入って、引き出しから宿題を取って「先生、あったよ！　ありがとう！」って振り返ったら、先生はいなかったんだ。帰りに先生のいる部屋に行くと、電気がついていてね。中にさっきの先生がいたから「先生！　さっきはありがとう」って言ったら、びっくりした顔してね。「こんな時間になにをしにきたんだ。もうみんな帰ってしまったぞ」だって。「宿題を取りにきたんだよ。さっき先生が鍵をあけてくれたでしょ？」って言うと、「鍵なんてあけてないぞ」。そして、「うん？　おかしいなあ。さては、また出たな」「先生！　まさか……、オバケ!?」「いや、違うよ。学校の近くに森があるだろ。そこにきつねが住んでいるんだ。たまに人間に化けて、おどかしにくるんだよ。帰り道にもし、また先生に会ったら、おしりを見てみるといい。キツネはたまにしっぽを出したままでいるときがあるから。先生はここにいるから、気をつけてな」

ちょっと怖くなって、外に飛び出して急いで帰ったんだって。そしたら、学校の校門っていう出口で、またさっきの先生が立ってたんだって。これはおかしいなと思っておしりを見たら……、しっぽが揺れてる！　でもその先生は、「どうした。宿題は取ってこれたか？　もう忘れ物なんてするんじゃないぞ」って言ってる。それで、サッと後ろに回って、おしりのしっぽをつかんだんだって。そのとたん、「ぎゃあああああ！！」って大きな声を上げたかと思ったら、一目散に森へと走っていったんだって。そのうち、どんどん姿が変わってキツネになって、いなくなった。みんなも気をつけてね。しっぽがあったら、それはキツネが化けているのかもしれないから。

おしまい♪

子どもたちが大好きな忍者遊び! ………その❷ 2~5歳

忍者への道
夏の修行

暑い夏の時期は、プールを利用して忍者の修行をしましょう。
水を使った楽しい修行に、子どもたちも大はしゃぎ!

用意するもの

水着（プールの用意）、人形

1 プールの時間は「水の修行」をしましょう。まずプールに入ったら、プールの縁を触りながら、みんなで同じ方向に歩きます。しばらく歩くと、流れるプールができます。流れるプールができたら、その流れに逆らって歩きます。

POINT

- 春の修行(P.40～43)と同じ忍者カードを使用する。
- 全員で行なわなくてもよい。プールが苦手な子もいるため、いやがる子に無理強いしないようにする。

2 続いて「がまんみずの術」です。これは、印を結んで、大人がかける水しぶきを正面から浴びながらがまんするというもの。少量から始めて、だんだん多くかけていきます。この修行が苦手な子は、水しぶきを背中にかけるところから始めましょう。

翼のちょこっとMEMO

水に慣れさせよう

怖くてプールに入れない子は、プールサイドで背中に水をかけ、少しずつ慣れさせていくとよいでしょう。

3

続いて「もぐりの術」。プカプカとけ伸びをします。これは、敵に見つかったときに死んだふりをして、身を守るための修行。け伸びがじょうずになれば、水と仲よくなれて、その後の泳ぎの練習がはかどります。

4

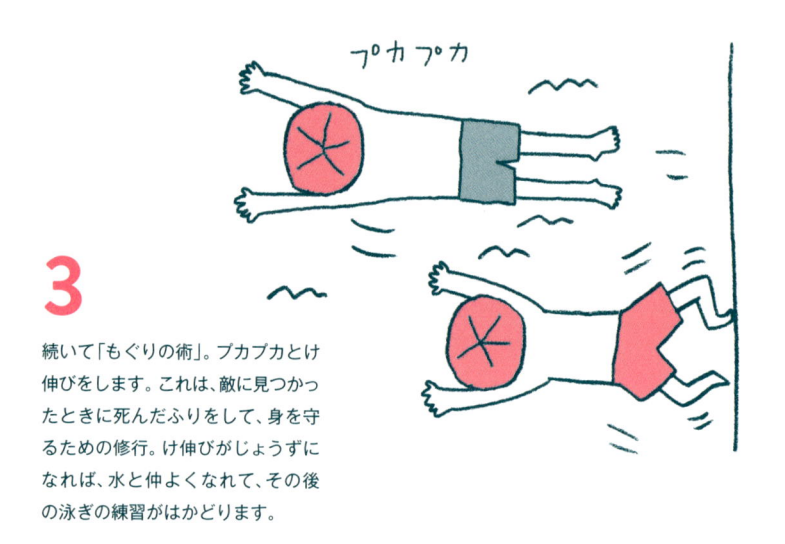

次に「笑っちゃいけない修行」です。プールのあと、子どもたちが甲羅干しをしている間、先生がおかしなことを言います。それでも、笑ってはダメ。これは隠れているときにおかしなことが起きても、笑って居場所を知られてしまわないようにするための修行です。

5 プールの前後、着替えの時間に「早着替えの術」を行ないます。服の下に水着を着ておいたりして、すばやさを競いながら技のレベルを磨いていきます。これは敵に見つからないように、違う人に変身してばれないようにするための修行です。

6 最後に、水を使った修行ではありませんが、「変わり身の術」をマスターしましょう。相手のすきをつき、人形などを置いて、さっと物陰に隠れます。「見て見て！　あれ、なに？」などと相手に声をかけるとうまくいく場合もあります。いかに気づかれず、ほかのものとすり替われるかの修行です。

翼のちょこっとMEMO

上着を掛けると◎

人形を置くとき、自分の着ている上着を掛けると、よりすり替わったように見えます。レッツ、トライ！

翼の保育 MEMO 3

ひとりじゃできないことってたくさんある!

経験を積んで、だんだんと子どもたちと保育を楽しめるようになってきたとき、もっと楽しもうといろいろ企画をして、どんどんひとりで進めていました。僕の担当クラスはもちろん楽しい!　毎日忍者になったり、小人を捕まえに行ったり、妖精と友達になったり、オバケになったり、いろんなことをしていました。でも、その分準備がすごく大変でした。楽しいことをしているはずなのに、自分の時間はなくなり、いっぱいいっぱいになっていました。やりたいことが多いので、たくさん準備をしなくてはいけない。毎日家に仕事を持ち帰り、帰っても準備!　準備!　準備!　そのうち疲れてきてしまって、だんだんつらくなってしまいました。そして、気づきました。

ひとりで全部やっていたことに。だれとも協力していなかったことに。それから隣のクラスの先生に声をかけてみました。保育をいっしょに楽しむためには、ほかのクラスの状況も知っていないといけないのです。たくさんの先生と話すようになると、僕のやりたいことがわかってくれるようになりました。

ちょっとしたことですが、このあたりまえのことを僕はしていませんでした。そして、おもしろい企画をプレゼンしてみました。興味を持ってもらえ、気づくと僕の企画に先生たちが乗ってくれるようになるまでに。みんなで協力してやれば、保育の幅はものすごく広がると思います。結果、子どもたちはとても幸せになり、先生も幸せになる!　協力し合うことは、相手に自分を合わせていくこと。みんなで作り上げる保育の楽しさはすばらしい!

第4章

とっておき

涼しくなってきたら このあそび

第４章

とっておき
涼しくなってきたら
このあそび
1

ファンタジックなマジカル運動会……❶

3〜5歳

ふしぎな指輪物語

足が速くなるという“伝説の指輪”。
それは、修行を終えたものが身につけることができるといいます。

用意するもの

リボンテープ、紙、モール

1 運動会の本番数日前に、リボンで作った簡単な腕輪を付けて練習します。リレーをするので、リボンはチームカラーで分けるとよいでしょう。

2 それぞれの腕輪にパワーを込めるために、走る前にはチームごとに魔法を唱えます。

翼のちょこっとMEMO

魔法の唱え方

「ピンククンピピ　マジカルほい!」
「グリーシリルリラ　リルレリラー」
など、クラスを表す色名を入れて唱えると楽しい!

POINT

- 年少さんには、リボンを付けると足が速くなることを先生がやって見せてから渡すとよい。
- “伝説の指輪”はチームの代表者がまとめて受け取ってもよい。

3

本番のリレー後、勝ち負けに関係なく、がんばって修行して走れたことを祝して、魔法の国からモールで作った“伝説の指輪”をプレゼントします。

4

運動会のフィナーレーはその指輪を付けてみんなでグランドを１周。ものすごいスピードで走り抜ける子どもたちにびっくり！

第４章

とっておき
涼しくなってきたら
このあそび
2

ファンタジックなマジカル運動会……❷

3~5歳

アラジンの魔法のランプ

親子競技をファンタジックに!
魔法のじゅうたんでゴールを目ざそう。

用意するもの

巧技台、マット、段ボール、厚紙、ジョウロ、魔人の帽子、ジャージ素材のズボン、金色(装飾用)の紙

1

ディズニー映画『アラジン』のテーマソングに乗せてスタートします。子どもを巧技台に乗せて、保護者が手を取りながらジャンプをさせ、進みます。

5

最後は、アラジンに出てくるようなじゅうたん(段ボール製)に子どもを乗せて、大人がゴールまで引っ張ります。

POINT

- 4の魔人の帽子は厚紙で作る。金のランプはジョウロなどに金色の紙をはる、ズボンはジャージ素材のものに装飾して完成。

2

続いて、マットの山を寝転がりながら越えます。保護者はそばで危険のないよう見守って。

3

箱が置いてあるところまで、手をつないで走ります。

4

子どもは、金のランプを振り、大人はその間に、魔人の帽子をかぶり、ズボンをはきます。

ファンタジックなマジカル運動会……❸

4~5歳

魔法使いになるために

魔法使いのトレーニングの成果を見せるとき!
みんなで魔法使いになりましょう。「マジカルマジカルほーい!」

用意するもの

平均台、マット、黒い布、厚紙で作った帽子、
魔法のつえ（ステッキなど）、ビニールテープ

1 スタートして、まず最初に箱が置いてあり、マントが乗っています。そのマントを身に付けます。

5

最後は、魔法のつえ（ステッキなど）が置いてあり、大人ふたりで両端を持って、子どもがぶらさがってゴールを目ざします。

2

平均台の上をバランスを取りながら渡ります。

3

平均台を降りた先には違う箱があり、中には帽子が入っています。

4

帽子をかぶってとび箱（巧技台）の上に登ってジャンプ。

POINT

- 年少クラスは、大人が平均台では手を添えてあげて。
- マントの素材は何でもOK！
  帽子は厚紙で作るのがおすすめ。

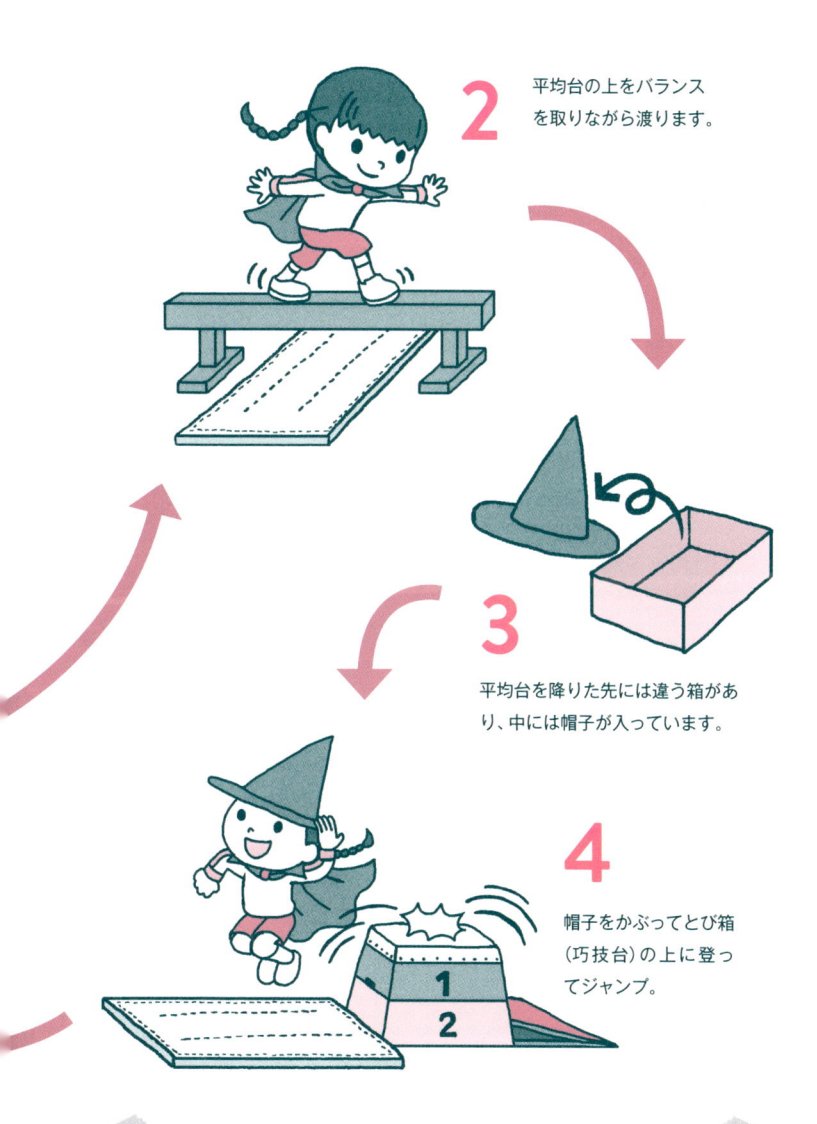

3~5歳

とっておき
涼しくなってきたら
このあそび
4

忍者をやっつけろ!

悪者忍者の登場だ!
さあ、みんなで玉を入れてやっつけろ!

用意するもの

玉入れ用の玉とカゴ２セット、紙袋（お宝）、忍者の衣装

忍
忍

1　２チームに分かれて、追いかけ玉入れをします。先生２人が忍者のかっこうをして、カゴを背負い、球を入れる競技です。カゴには忍者マークを付けると雰囲気が出ます。玉を多く入れたチームが勝ち。

POINT

- 子どもたちは体操着でOK。
- お宝はチームの代表者に贈呈。

2

勝ったチームには、忍者からお宝がもらえます。お宝の袋は紙袋などで作り、中に人数分のごほうびを入れておきます。

何が入ってるかな？
宝

3

先生は、「よくやった！お前たちにやろう」と言いながらお宝を渡します。

よくやった！お前たちにやろう
ありがとう

とっておき
涼しくなってきたら
このあそび
5

第4章

秋といえば、ハロウィンの季節

1~5歳

ハロウィンパーティー

子どもたちの大好きなオバケになって楽しい1日の始まり。
おばけが園にやってくるぞ~。

用意するもの

画用紙、油性フェルトペン、ハサミ、黒のポリ袋、カチューシャ

にじぐみ
ももこ先生
にじぐみ
ももこ先生

1

ハロウィン当日までに、自己紹介用の先生の顔写真がガイコツに変わっていきます。ガイコツを画用紙に書いてはるだけ。

2

さらに、「にじぐみ」→「がいこつぐみ」のようにプレートの名前が変身。
オバケの名前に変わっていきます。

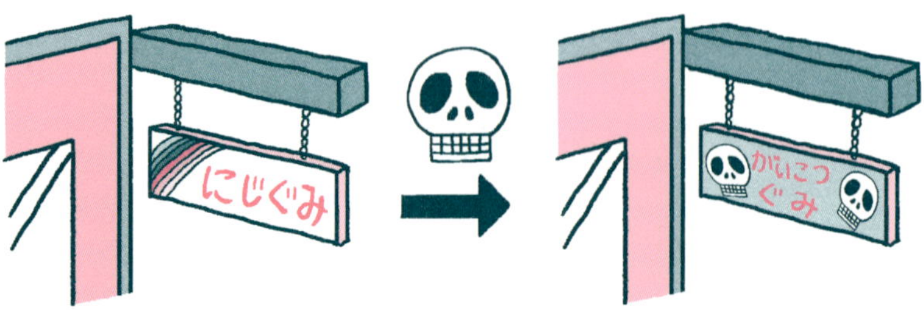
にじぐみ
がいこつ
ぐみ

POINT

- ４歳児には、白いシーツをかぶったオバケなどがおすすめ。
- ５歳児には、黒いポリ袋でマントを作ってドラキュラふうに。

3 部屋の飾り付けに、カボチャオバケの輪郭だけを描いて、顔を子どもたちに描いてもらいます。できたら部屋に飾っていくと、オバケがどんどん増えて雰囲気が出ます。

4 乳児クラスは、カチューシャに耳を付けて化けネコに。２歳児は、パーカーに舌を付けて、パーカーをかぶります。３歳児は、黒のポリ袋に顔と手を出す穴をあけ、真ん中にカボチャオバケの形の大きな絵をはって、カボチャのオバケに。

5 園長先生の部屋に行って「トリック オア トリート！ お菓子をくれないといじめちゃうぞ！」と言って、お菓子をもらいに行くと盛り上がります。

とっておきのコツ！

先生も子どもたちとともに仮装を楽しんで

先生方も変装して　いっしょにハロウィンを楽しみましょう。決して子どもたちを驚かすのではなくて、仮装を楽しむことをお忘れなく。集会をして、各クラスがどんなオバケになったのかを発表し合うのも楽しいですよ。

第４章

とっておき
涼しくなってきたら
このあそび
6

ハロウィンの仮装して行なうと、もっと盛り上がる！ 3~5歳

トリック オアトリート ダンス

楽譜124ページ

仮装したままでも踊れる簡単なダンス。
ぜひ、子どもたちと踊ってハロウィンを楽しんでください！

1番

1 おばおばけ～ ドキドキのハロウィン

向かい合って隣のお友達とタッチ。

4×4回

2 さあさみんな～おばけになろう

1とは反対を向いて、隣のお友達と両手でタッチ。

4×4回

3 トリックオア

両手を垂らし、下を向く。

4 トリート

ひじを曲げて両手を上げ、驚かすように顔を上げる。

〈みんなで輪になって〉

or

〈横一列になって〉

5 **トリックオアトリート**
しろいシーツをかぶってさ

3と4を3回繰り返す。

6 **トリックオア**

両手を胸の前に垂らして、後ろを向く。

7 **トリート**

振り返って、ひじを曲げたまま驚かすように両手上げる。

8 **トリックオアトリート**
びっくりさせよう

6と7を3回繰り返す。

9 **ゾクゾク～おばけになろう**

1と2を繰り返す。

10 **トリックオアトリート**
おばけになろう

2番の後で、
3～9を繰り返す。

とっておき
涼しくなってきたら
このあそび
7

第４章

不思議な力が宿る、魔法遊びいろいろ！

3~5歳

魔法使いのトレーニング

魔法使いになるために、みんなでいろんなトレーニング。目指せ、魔法の国のナンバーワン！

用意するもの

レシピの材料、ほうき、スズランテープ、木の枝

● 魔法のスープ作り

ぐるぐるぐる
これはトカゲのしっぽだよ

魔女のスープは、本当はすごい材料が必要ですが、その代わりの物を探します。例えば、「魔女の水」…雨水／「ミミズの目玉」…小さな木の実／「トカゲのしっぽ」…木の枝、「コウモリの羽」…葉っぱ／「猛毒のキノコ」…キノコ／「ドラゴンのうろこ」…木の皮　などなど。これらの材料を容器に入れて混ぜ、お日さまの光に１～２時間当てるとできあがり。

POINT

- お日さまの光に当てるなど、じっくり作り上げると説明すると、子どもたちはよりお話の世界に入っていく。

●空飛ぶほうき

1 ちょっと小さめの竹ぼうき、もしくは70～80㎝の棒の先に、スズランテープを短く切ったもの（30㎝程度）をたくさん作り、根元をひもでぐるぐる巻きにします。子どもがまたいで走れる長さがいいでしょう。

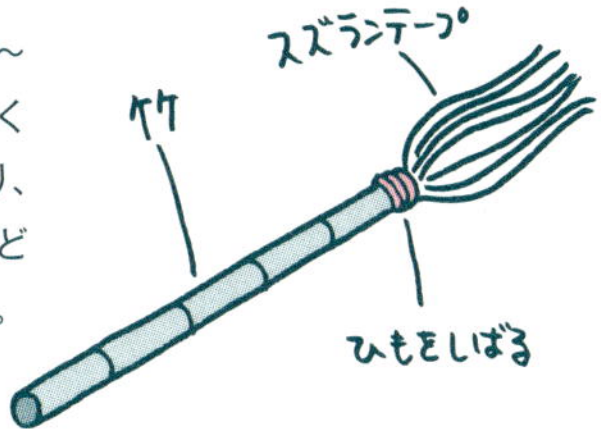

2 ほうきができたら、ひと晩夜の月に当ててパワーをためます。

3 走りながらジャンプをしたり、呪文を唱えたりして日々修行に努めます。

●魔法のつえ

お散歩に行くときに拾った枝などを使います（ない場合はホームセンターなどで細い棒を購入）。お散歩のときなど、分かれ道にきたら立てて倒して、倒れたほうに進むという道案内をしてもらいます。園庭を歩いていて、どっちに行きたいかを棒に尋ねて、園庭を回ってもいいですね。それをしていくうちに、魔法の杖が自分の行き先を導いてくれる感覚を楽しんでくれます。

とっておきのコツ!

ほかにもいろいろ魔法遊びがある！

魔法の杖を持って魔法の呪文をを唱えてみましょう。友達に「ウサギになーれ」と呪文を唱えて変身させて遊んだり、呪文を考えてみたりすると楽しめます。オリジナルの呪文を作ってみましょう。

子どもたちが大好きな忍者遊び！………その❸　2~5歳

忍者への道
秋の修行

秋といえば紅葉。葉っぱやドングリを使った修行。
気持ちよく過ごしやすい季節は、忍者修行にもってこい！

用意するもの

パーカー（赤、黄、茶）、ドングリ、スズランテープ

1

最初に「木の葉がくれの術」の修行です。赤や黄色、茶色のパーカーを着て、フードをかぶり、落ち葉の中に背中を見せて潜り込みます。イチョウやサクラの葉っぱがおすすめ。驚くほど同化して姿が見えなくなります。

2

忍者は敵に追われると、まきびしをまいて追いつかれないようにしました。子ども忍者はドングリを落として、敵から逃れるようにします。これが「どんぐりまきびしの術」。敵がきたら、ドングリをまいて逃げましょう！

POINT

- 春の修行（P.40～43）と同じ忍者カードを使用。
- ドングリの扱いに注意。特に低年齢の子は、口に入れないように気をつけること。

3

1 最後に「ひもばしりの術」です。まず、スズランテープを１本、おなかに当て、落とさないように走ります。できたら、スズランテープの本数を増やしていきます。

2 地面にぎりぎり着く長さのスズランテープを腰に巻き、地面に着かないように走ります。慣れてきたらスズランテープをだんだん長くしていきます。長くなるほど走らなくてはならないので、脚力がつきます。

3 だれがいちばん、スズランテープを地面に着けずに走り続けられるか、勝負をしましょう。「よーい、どん！」で走り始め、地面に着いてしまった子から座ります。長く走っていられた子が、ひもばしりの術のチャンピオン！　この修行により足が速くなるため、運動会の練習にぴったりです。

とっておきのコツ！

修行に使いやすいドングリの見分け方

ドングリの中には虫がいることも。まずドングリを拾ってきたら、タライに水を張ってさらします。浮いたドングリには虫が潜んでいる可能性が高いので捨ててしまいましょう。そのほか、冷凍庫に入れて凍らせ、乾燥させても、虫がわくのを抑えることができます。

翼の保育MEMO 4

集団遊びがまとまらない！なんてことありますよね

僕は、集団遊びが嫌いな子でした。ひとりもしくはふたりくらいで遊んでいたことのほうが多かったように思います。だから、園では虫探しやお団子作りに夢中でした。

年長の担任になったとき、氷鬼やドッジボールでたくさん遊びました。それはそれは楽しかったです。僕は大人になって初めて、みんなで遊ぶ楽しさを知ったのかもしれません。

集団遊びが嫌いな子もいます。その子たちの気持ちはものすごくわかるので、無理に仲間に誘ったりはしませんでした。でも、「この楽しさを伝えたい！」という思いがわいてきて、あの手この手で誘うようにしました。無理に入った子は、どうしてもその遊びになじめませんでした。では、どうしたらいいのでしょうか…。

僕は待つようにしました。集団を大きくしないように。それで解決しました。入りたければ、しぜんと子どもたちは仲間に入ってきました。入ってきたら、いろいろな遊びを伝えていきました。楽しいと思うと、どんどん遊びが広がっていきます。

集団遊びは、ときにはケンカにもなります。ぶつかり合うことで成長し、遊び込む楽しさがわかってくるのです。もちろん、ひとりやふたり遊びも大切。結局、両方の遊びが必要であって、突き詰めればひとりひとりに合った遊びが大切だということです。本書の遊びも、クラスみんなで遊べるようなものが多いですが、ひとりひとりに合わせていただけるとうれしいです。

第5章

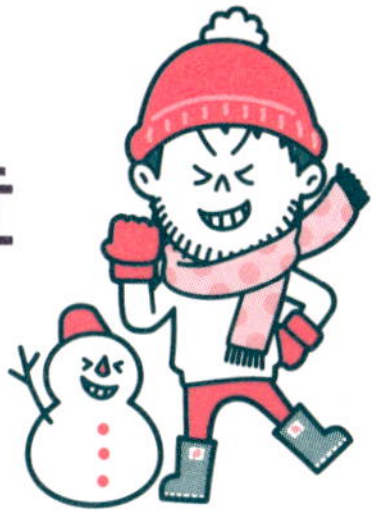

とっておき

寒くなってきたらこのあそび

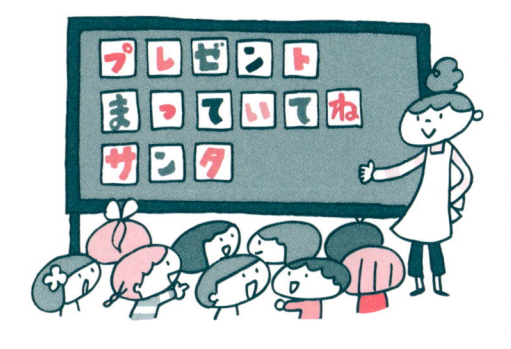

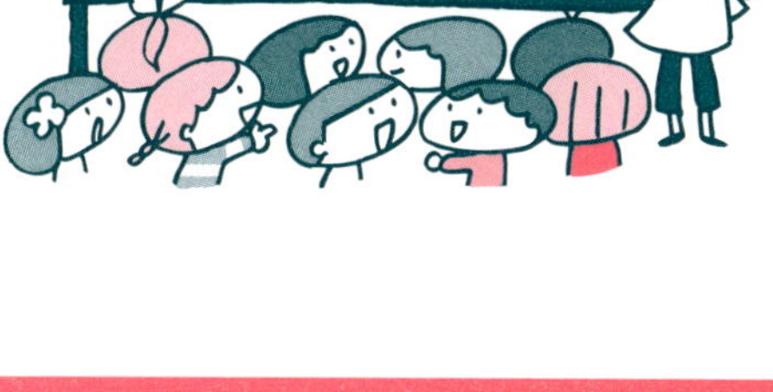

第５章

とっておき
寒くなってきたら
このあそび
1

2~5歳

寒い日は思いっ切り回れ！

北風と友達になるために

体をたくさん動かして、汗をかいて遊べば、
北風が吹いてもへっちゃらです！

用意するもの

ボール、マット

ぐるぐるメリーゴーランド（回り鬼）

10人くらいで円を作ります。鬼を決め、円の外で準備します。円の中のメンバーからひとり逃げる役を決め、鬼にタッチされないように、みんなでぐるぐる回って逃げる人を鬼から守ります。タッチされたら交代します。

ぼくたちまもる隊！（ボール鬼）

３～４人で列を作り、鬼を決めます。鬼は、列のいちばん後ろの人にボールを当てます。前に並んでいる人が、後ろの人にボールが当たらないようにうまく隠します。当たったら交代です。

POINT

- なるべく周囲に物がない場所で遊ぶ。
- 『回り鬼』は、転びやすいので、様子を見ながら人数を減らす。
- 転んでしまったら、一度ゲームを止めて、どうしたらじょうずにできるかを子どもたちと話し合うとよい。

サメがきたぞ！(渡り鬼)

マットを岸と見たててイラストのように敷き、サメ役の鬼を２～３人決めます。マットとマットの間にいるサメに捕まらないように、向こう岸まで行く遊びです。サメに捕まった人もサメになり、どんどん増えていきます。最後に残った人が勝ち。

モンスターがきたぞ！(しゃがみ鬼)

鬼役を決め、ドラキュラやフランケン、オオカミ男などのモンスターに変身します。モンスターには、しゃがんだ人は目に見えなくなるので捕まりません。タッチされたら交代します。最初は先生がモンスター役をしてあげましょう。オオカミ男はジャンプするとタッチされないなど、モンスターの種類によって、ルールを変えてみるのも楽しいです。

小さなポストに届くのは?

5歳

だれかさんからの手紙

お正月明けに郵便屋さんごっこをよくしていました。
ちょっと不思議なだれかさんからの手紙です。

用意するもの

手作りのはがき（多めに）、偽物の切手ティッシュケース（郵便受け）、段ボール箱（ポスト）、郵便配達のバッグ

1 ティッシュケースを利用して、ひとり１個ずつ郵便受けを作ります。名前を書いてだれの郵便受けかわかるようにします。

折り紙を
はる
つばさ
1-1
ゆうな
1-2
あきな
2-1
はるこ
2-2

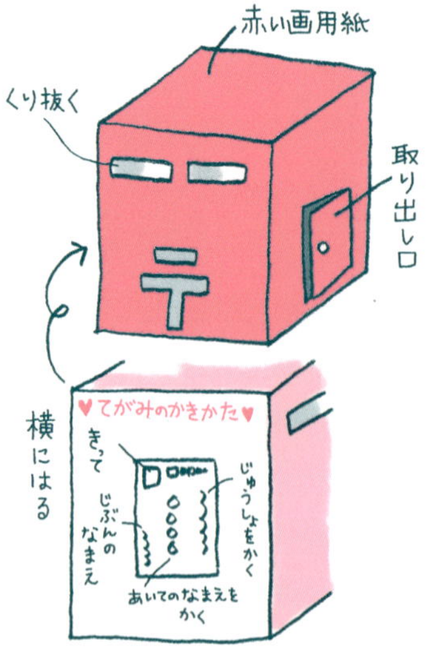
赤い画用紙
くり抜く
取り出し口
横にはる
♥てがみのかきかた♥
きって
じゅうしょをかく
じぶんのなまえ
あいてのなまえをかく

2 段ボール箱を利用してポストを作りましょう。手紙はそこへ出します。最初は友達同士で手紙の出し合いっこをして遊びます。

POINT

- だれかわからない魔法を使う「だれかさん」との手紙のやりとりに、子どもたちはわくわくすること間違いなし。
- 手紙の返事はあえて、不規則に。いつくるかわからないようにすることも大事。いつくるのかな？ と楽しみになり、先生の負担も軽減。

マークを
付ける
赤い画用紙

3

郵便屋さんを決めて、配達したりします。手紙を書いて入れると郵便屋さんが届けてくれます。しばらく手紙ごっこをして慣れてきたころにだれかさんから手紙が届きます。

4

最初はひとり、不規則にひとりずつに必ず届きますが、ローソクなどで書いておき、すぐには見えないのです。そこで、大人が「もしかしたら手紙に魔法がかかっているのかも」と話を進めます。どうしたら魔法が解けるのか子どもたちと実験をしてみましょう。

5

水にぬらしたり、お日様に当ててみたり、透かしてみたり、いろんな方法で「魔法の絵の具」を使うことを提案します。絵の具で塗れば、下の文字が浮かび上がってきます。

もしかしたら・・・
??
なにもかいて
ないよー
せんせい

ぬったら もじが
でてきたよ!!
まほうの 絵の具

第５章

とっておき
寒くなってきたら
このあそび
3

プレゼントが届いたよ！　だれからかな？

4~5歳

クリスマスまでのわくわく

サンタさんがくるまでの毎日をわくわくで迎える
ちょっとした遊びです。

用意するもの

画用紙、油性フェルトペン、箱、リボン

1

クリスマスの何日か前から、小さい箱（または袋）がクラスにひとつ毎日届きます。

2

「さ」「ま」「プ」……など、中には文字が１文字書かれた紙が入っています。

POINT

- 文字を読む遊びは５歳児におすすめ。
- 文字の数に合わせてスタートする日を決めておく。

3 クリスマスイブになると、すべての文字が届き、これらを黒板などにはってみます。すると、あら不思議、文章が完成します。みんなで読んでみると、「プレゼント　まっていてね　サンタ」になります。

とっておきのコツ！　クリスマスまで、毎日何かが変わる!?

例えば、教室に飾っているクリスマスツリーの飾りが日ごとに増えていく、サンタさんのひげがちょこちょこ落ちているなど、ひとつずつ届く文字の贈り物以外にも、クリスマスまでにわくわくできる遊びがあります。

道具の大切さも教えながら…

3~5歳

おおそうじ大作戦

1年に1度の大そうじ。
子どもたちと楽しむためのしかけをご紹介します!

用意するもの

画用紙、油性フェルトペン

1

ぞうきんやほうき、ちりとりにこっそりと、画用紙に油性フェルトペンで書いた小さな目を付けておきます。

みんなでいっしょに
そうじをしましょう
はーい

2

先生は、「今日はぞうきんさんやほうきさん、ちりとりさんも遊びにきたみたいだね！　いっしょに今日はおそうじをしよう！」と子どもたちに声をかけ、全員でスタートします。

POINT

- そうじが終わったら、道具のお友達にお礼を言ってかたづけ、そうじ道具などいつも使っているものもいっしょに生活していることを伝えます。

3

さらに、そうじをするイスやテーブルの下、窓、床、ロッカーなどにも小さな目を付けておくと、より盛り上がります。

4

そうじをしていると、「このイスにも目が付いてる！　遊びにきたんだ！　ほかにも付いてるかな？」と子どもたちは喜び、そうじが楽しくなります。

第５章
とっておき
寒くなってきたら
このあそび
5

いつもの豆まきとは違う節分遊び

3~5歳

鬼のキモチ

子どもたちが鬼に変身して、鬼の気持ちに知るという趣向を変えた節分の遊びです。

用意するもの

ヒイラギの葉、イワシの頭、竹串（割りばしでも可）、豆、紙袋、毛糸、画用紙、ペン

1

鬼のいやがる、ヒイラギの葉っぱ、イワシの頭、豆を準備し、年少組や職員室などのドアにはっておきます。

画用紙のつの
毛糸のかみの毛
目はくりぬく
紙袋
まゆ、はな口は書く

2

子どもたちはお面をかぶって鬼に化け、その日は１日、鬼役として過ごします。

POINT

- 鬼のいやがるアイテムは、模造品でOK。
- 節分は本来、鬼に向かって豆を投げるが、この遊びは逆。鬼の気持ちを理解するのが目的。
- 鬼のパンツを作って『鬼のパンツ』の歌などを流すとより雰囲気が出る。

3

鬼たちが集まって、
だれを驚かせるかを
相談します。

4

園内に、ヒイラギの葉っぱやイワシの頭などが飾ってある場所を見つけたら、「ひいい〜!」と手をバタバタさせながら、鬼の気持ちになって逃げて遊びましょう。

即席パーティー会場を作れば大盛り上がり！

4~5歳

氷の国のアイスパーティー

郵便屋さんごっこからの続き遊び。
寒い冬ならではの氷づくりをファンタジック！

用意するもの

いろいろな形の容器、毛糸、画用紙、油性フェルトペン、ブルーシート、机、イス

1 ある日、氷の国から子どもたちに招待状が届きます。「アスレチックのしたでパーティーをします。こおりをつくってもってきてね」

POINT

- 園庭の何か所かの遊具にパーティーの準備ができるといい。
- クラス全員で同時にやらなくてもOK。

2

星やハートなど、いろいろ形の容器に水や絵の具を入れ、凍らせます。カラフルな毛糸を短く切って入れると、見た目も楽しいです。

3

パーティー当日は、遊具の下に集まれるように、ブルーシートなどをつるしたり、上から覆ったりして、ちょっとしたお部屋を作ります。机やイスなども準備。

4

「パーティーたのしかったね」と後日手紙が届くと、あそこにいたんだあ、と子どもたちは盛り上がります。

あそこに
いたんだ!
たのし
かったね!
また
いきたいね
パーティー
たのしかったね

子どもたちが大好きな忍者遊び! ………その④ **2~5歳**

忍者への道 発表会

忍者の修行もいよいよ終わり。最後に発表会を行ないます。
グループ別に技を披露し、みんなに修行の成果を見てもらいましょう!

用意するもの

発表会用の衣装(できれば忍者服)、人形、とび箱などの台、
模造紙、千代紙、障子紙、ひも、ラップの芯、リボン、折り紙

1グループ

1. 変わり身の術

1. 先生が「変わり身の術!」と号令をかけたら、子どもたちが「はっ!」と言って、後ろ向きに登場する。

2. 次の合図で振り返り、人形を舞台に置きます。そして「はっ!」と言いながら、壁に後ろ向きにはり付きます。

2. すいとんの術

先生が「すいとんの術！」と号令をかけたら、子どもたちは「はっ！」と言い、寝転がります。そして竹筒を持ってくわえているふりをして、ぐるぐる床で回ります。

3. 分身の術

先生の「分身の術！」という号令で立ち上がり、縦１列に並び、みんなで反復横跳びを素早くやります。先生は「何人にも見えます！　ひとりがいっぱいに見えます！」と実況します。最後にポーズを決めて「はーー！」と言って次のグループへ。

2グループ

1. ねこずわりの術

舞台上にとび箱を並べておきます。先生が「ねこずわりの術！」と号令をかけたら、ネコのように、とび箱の上から飛び降ります。

2. もくとんの術

先生が「もくとんの術」と号令をかけたら、「はっ！」とかけ声を出しながら木のポーズを取ります。

3. 「早着替えの術」

先生が「早着替えの術！」と号令をかけたら、急いで忍者服を脱ぎ、普通の服になります。脱ぎ終わったら、せーので「はっ！」とポーズを付け、舞台そでに退場します。３グループが披露している間に、再び、忍者服に着替えておきましょう。

3グループ

1. ひも走りの術

子どもたちの腰にスズランテープを巻いておきます。先生が「ひも走りの術！」と号令をかけたら、地面につかないように舞台を走り抜けます。何往復かしてみせましょう。

2. うずらがくれの術

先生が「うずらがくれの術！」と号令をかけたら、「はっ！」と言ってダンゴムシのように丸くなります。起き上がって、また「うずらがくれ！」と言われたら、再び丸くなります。何回か繰り返しましょう。

3. かくれみの術

木や草などを描いた模造紙を、下に置いておきます。先生の「かくれみのの術！」という号令で、子どもたちは「はっ！」と言って持ち上げ、身を隠します。みんなが隠れたら、幕が下りておしまいです。

POINT

- 免許皆伝授与式のあと、忍者をテーマにした曲を流し、全員で忍者のダンスをして終わっても楽しい。

賞状の作り方

障子紙に名前などを書き、千代紙にはります。千代紙の端にラップなどの芯を固定させると、くるくると巻くことができてグッド。反対の端にひもを付けましょう。

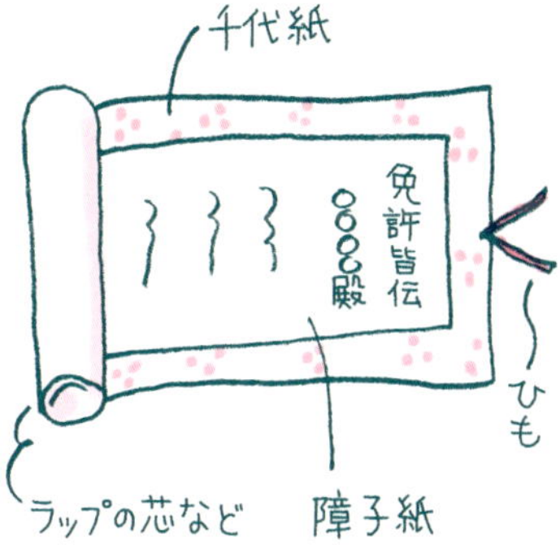

ペンダントの作り方

折り紙で作った手裏剣にリボンを付けます。真ん中に、「忍」の字を書いた紙をはると、子どもたちはさらに喜ぶでしょう。

免許皆伝授与式

修行は大成功！　成功を祝して、子ども忍者の巻物の授与式をします。子どもたちは台に上って、担任の先生からペンダントタイプの手裏剣を首に掛けてもらい、賞状をプレゼントしてもらいます。ひとりずつ、自己紹介と楽しかった修行を発表していきましょう。

翼の保育MEMO 5

子どもたちが喜ぶ姿を想像して自分のできることをやっていく

2011年3月19日のこと。

ミクシー※で、シンガーソングライターの新沢としひこさんが「震災・歌で応援できないかな?」というコミュニティを立ち上げました。僕もすぐさま賛同し、約2か月後には500人を超える人たちが参加しました。2011年6月現在、100曲を超える歌ができています。

参加した方は皆、「何かできないか?」という思いで集まったのだと思います。僕もそうでした。僕は、『すばらしい世界』という詩を書きました。書いたというより、書き直しました。新沢さんと、震災前に作った未完成の歌でした。書き直して完成した「できることは何だろう?」という歌詞を書いたのは、世界中で起こっている悲しい出来事に「自分ができることは何だろう?」という気持ちからでした。

震災後、「今、できることは?」という気持ちに変わりました。この本を作らせていただいたことも「僕にできること」だと思い、楽しくなるものをたくさん広めたいと考えました。悲しい気持ちが少しでも和らぐように、子どもたちが喜ぶようにと願っています。

生きていれば、「すばらしい世界」を作ることができると信じて、これからも、できることを続けていきたいと思います。

※インターネットを通じて友人・知人とのコミュニケーションがはかれるサービスのひとつ

第6章

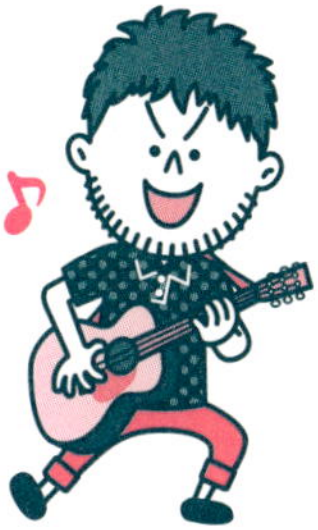

とっておき

とっておきのうた

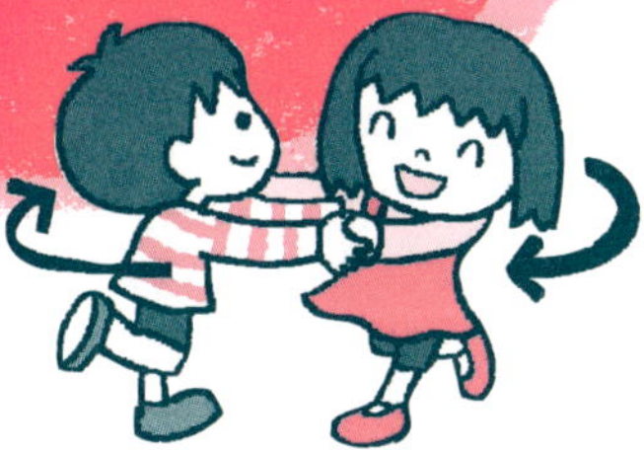

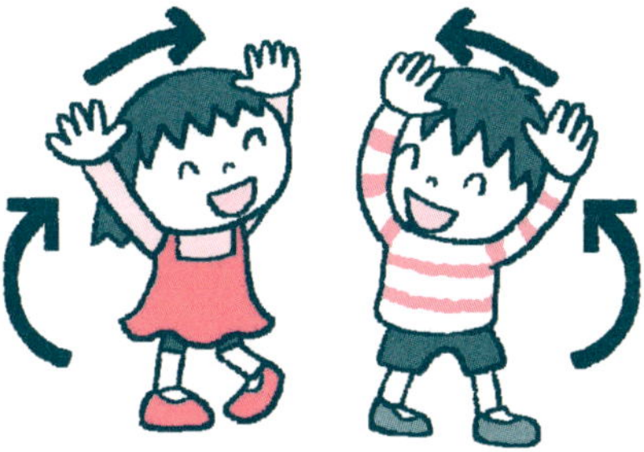

第６章

ペアの息が合うと、すっごくキュート!

3~5歳

ロマンティック

茶目っ気たっぷりの振り付けで、テンポよく踊ろう。
曲が流れると、しぜんと体が動いちゃいます!

楽譜125ページ

1番

（前奏）

両手を振りながら、左右に一歩ずつステップを踏む。

1 あなたに

2 なくて

3 わたしに

4 あるもの

両手を組み、ひとさし指を立てて、上、前の順に指さす。

5 なんだか

6 わかる?

両手でハートを作り、左右に振る。

7 おしえてあげる

5と6を2回繰り返す。

POINT

- 2人の振り付けのタイミングが合うように教えてあげて。
- うまく踊れない子には、先生がペアになって。

8 それはねそれは

1～4を繰り返す。

9 ロマンティックなこころなの

5～7を繰り返す。

10 ほしぞらみあげ

11 あるきましょう

両手を振りながら、左右に2回ずつジャンプする。

12 アンドロメダもわらってる

10～11と同じ動作で、ピョンピョンピョンのリズムで左右に3回ジャンプ。

13 そうよこれが

14 ロマンティッ

向かい合って両手を大きく回しながら、友達と両手を合わせる。

15 ク

向かい合って隣の友達とタッチして顔を外に向ける。

16 アハハ　アハハ　アハハハハ

両手を合わせたまま、左右に揺れる。

（間奏）

1～4を繰り返す。

2番

1番と同様に踊る。

（間奏）

自分のおしりを触られないように、相手のおしりを触る。

（後奏）

2人で両手をつないでその場で回り、最後にハートを作る。

第６章

とっておきのうた 2

テンポのよい、子どもに大人気の手遊び。

3~5歳

かみなりどんが やってきた

楽譜125ページ

かみなり様に取られないように、いろんなところを隠します。
さあ、全部隠せるかな?

1番

1 かみなりどんが

一方のひとさし指を立てて頭の上に。

2 やってきた

逆の手も頭の上に。

3 ドンドコドンドン ドコドン

手を交互に上下させ、太鼓をたたくしぐさ。

4 かくさないと

両手で顔を覆う。

5 とられるぞ

両手を開いて顔を出す。

6 ドンドコドンドンドンドン

3と同じ。

7 かくすのは

4回手拍子をする。

8 「あたま!」

言われた部分をすばやく隠す。

9

「セーフ!」

先生（審判）は隠せたかをじっと見てからセーフの判定を出す。

10

「イエス!!」

隠せたら元気よくガッツポーズ!!

2〜5番は1〜3の指を1本ずつ増やしていきます。
8で隠す場所の数も、1つずつ増やします。

2番 8「あたま!　おしり!」

3番 8「あたま!
おしり!　ひざ!」

4番 8「あたま!　おしり!
ひざ!　ひじ!」

5番 8「あたま!　おしり!
ひざ!　ひじ!　くち!」

POINT

- 4〜5歳は、さらに6本、7本と指を増やして、どんどん隠す場所を多くすると盛り上がる。
- 「アウト」はあえて言わないこと。できないことを指摘するよりも、できたときの喜びを感じさせながら遊ぶ。
- 3歳児くらいからは、2人組になって子どもたち同士で隠す役と審判をやるのも楽しい。

体全体を使って、思いっ切り楽しもう!

2~5歳

マジカル音頭

夏祭りなどにぴったりの歌と踊りです。
振り付けは意外と簡単なので、みんなで覚えよう!

楽譜126ページ

1番

1 （前奏）

リズムに合わせて手拍子をする。

右手と右足を同時に前へ１歩出して引く。反対も同様に。

2 マジカルまほうを

両手を広げ、右へ１歩踏み出して引き、手をたたく。

3 となえれば

反対も同様に。

4 ふしぎなことがおこります

2と3を繰り返す。

5 しんじているひと

6 いないひと

両手のひらを右上、左上、右下、左下の順に向ける。

7 いろんなとこからハトがでる

5～6を繰り返す。

8 それ ボン!　**9** ボン!

左手を上に、右手を下へ開く。反対も同様に。

10 ボボンが　**11** ボン!

2回手をたたき、頭のわきで両手を開く。

12 それ　ボン!　ボン! ボボンがボン!

8～11を繰り返す。

13 マジカルよい　**14** マジカルよい

右手と右足を同時に前へ2歩出す。反対も同様に。

15 マジカルマジカル よよいのよい

13と14を繰り返す。

2番

16 マジカル～ 花がさく

1～6を繰り返す。

8 それ ボン!　**9** ボン!

8と9を繰り返す。

17 ボボンが　**18** ボン!

2回手をたたき、頭の上で両手を開く。

19 それ ボン! ボン!

8と9、17と18を繰り返す。

20 ボボンが　**21** ボン!

2回手をたたき、おなかの前で両手を開く。

最後は勇ましいポーズで決めろ!

2~5歳

おれたちかいぞく

海賊船に乗ったキャプテンの登場だ!
帽子や眼帯などを用意すると、雰囲気が出ます。

楽譜127ページ

1番

（前奏）

（8呼間）

（2呼間）

刀を構えて左右に切り込み、前に突き出す。

（2呼間）

（2呼間）

（2呼間）

1 世界の宝　2 めざしてすすめ　3 うみのこえを　4 ききながら

右手を額に当てて右を向いてから、
正面を向いて気をつけをする。

右手をまっすぐ伸ばして4歩進み、
右手を耳に当て耳を傾ける。

5 たかぶるあらしのりこえて すいへんせんのさきにゆけ！

1～4を反対方向に繰り返す。

6 おれたちかいぞく　**7** うなりあげて

両手を下で左右に振り、片足ずつ後ろにけり上げる。

8 おれたち かいぞく　**9** 旅はつづく

両手のこぶしを上下させ、片足ずつ前にけり上げる。

10 うみが よんでるぞ　**11** ぼうけんだ

両手を広げて片足でひと回りする。

12 かぜの さそいだ

両手を大きくぐるりと回す。

13 しゅっ　**14** ぱっ　**15** だ　**16** ヤー！

両手を左右に伸ばす。しゃがんでから立ち、両手を腰に当てる。最後に片手を上げてポーズ！

（間奏）

前奏を繰り返す。

2番

17 うみの ふかくに～ しゅっぱつだ

1番と同様に。

3番

18 おれたちかいぞく わらいあって かぜのふくまま きのむくまま

6～9を繰り返す。

19 おれたちかいぞく うたいあって まだみぬ宝を てにいれるさ

6～9を繰り返す。

16 ヤー！

最後に片手を上げてポーズ！

楽譜一覧

第６章

とっておきのうた 5

4~5歳

すばらしい世界

作詞：鈴木 翼　作曲：新沢としひこ

※遊び方はありません。
P.112を参照してください。

Am7 D7 G
1. きみは みえるー ことばを こえてー
2. きみは みえるー なみだを こえてー
3. きみは みえるー みようと すればー
Em7 Am7 D7 C G
わらい あえるー すばら しいせか いきみは
わかり あえるー すばら しいせか いきみは
せかいは かわるー ぼくら のーせか いだから
Am7 D7 G Em7 Am7
みえるー そーらを こえてー うたい あえるー
みえるー すべてを こえてー かたり あえるー
できるー うーごき だせばー せかいは かわるー
D7 C G D7
すばらしいせかい
すばらしいせかい
すばらしいせかい
いつかみるこのせかーいが
D7 G D7
きらきらかがやいているように いつかみるこのせかーいが
D7 G C D7
えがおであふれているように できること はなんだ
Em C D7 G
ろう できること はなんだろう ー

※CD音源はありません。

18～19
ページ

なぞのおとことなぞのおんな

作詞：鈴木 翼　作曲：大友 剛

Fm Fm/E♭ D♭Maj7 C Fm Fm/E♭ D♭ C
Fm Fm/E♭ Fm/D D♭7 C
1.～3. な ぞ な ー ぞ な ー ぞ な ぞ ー
1. な ぞ の お と こ の
2. な ぞ の お ん な の
3. な ぞ の お と こ の
Fm
な ぞ な ぞ だ い い ち も ん
な ぞ な ぞ だ い に も ん
な ぞ な ぞ だ い さ ん も ん
C C7 D♭Maj7
わ た し の な ぞ を お し え て あ げ る
1.2. 3.
C7 Fm C7 Fm
わ た し の く つ し た み ず た ま
わ た し の こ こ に は ほ ー く ろ
や っ ぱ り お し え て あ げ な い

※CDのお問い合わせはキングレコードへ。

88～89
ページ

トリックオアトリート

作詞：鈴木 翼　作曲：中川ひろたか

F
C7
おばおばけ あつまるよ
ドキドキの
ウキウキの
ハロウィンー
C7
F
さあ さみんな へんしんだ おばけに なろうー
※
B♭
F
C7
トリック オア トリート トリック オア トリート
しろいシーツ
くろいぼうし
F
B♭
F
かぶってさ トリック オア トリート トリック オア トリート
G
C7
F
びっくり させようー
いたずらしちゃうぞー
ゾクゾクで
ハラハラで
ワクワクの
ドキワクの
F
C7
おもしろい ハロウィンー さあ さみんな
C7
F
へんしんだ おばけに なろうー

★2番まで歌った後、※へ戻り、もう一度１番を歌う

※CDのお問い合わせはソングレコードへ。

※CDはキングレコードより。

114～115ページ

ロマンティック

作詞：鈴木 翼　作曲：大友 剛

C　Dm　G
1.3.あなたになくてわ　ーたしにあるもの　なんだかわかるお　しえてあげる
2.　ここにはなくてう　ーちにあるものー　なんだかわかるお　しえてあげる
C　Dm　G　C
1.～3.それはねそれはロ　ーマンティック　ロマンティックなこ　ころなのー
FMaj7　Fm　Em7　A7
1.ほしぞらみあげあ　るきましょうー　アンドロメダあわ　らってるー
2.うちにおはなをか　ざりましょうー　ほおづえついてわ　らいましょうー
3.あなたとふたりロ　マンティック　おいかけてごらん　あはははー
FMaj7　Fm　G　C
x3
そうよこれがーロ　マンティック　あはは　あはは　あはははー
そうよこれがーロ　マンティック　あはは　あはは　あはははー
きらきらせかいか　がやくのー　つかまえ　てごらん　あはははー

※CDはソングレコードより。

116～117ページ

かみなりどんがやってきた

作詞：熊木たかひと　作曲：鈴木 翼

1.～5. かみなりどんがやってきた　ドン ドンドコドン　ドンドコドン　かくさないと　とられるぞ
ドンドコドンドンドン　かくすのは
1.「あたま」
2.「あたま おしり」
3.「あたま おしり ひざ」
4.「あたま おしり ひざ ひじ」
5.「あたま おしり ひざ ひじ くち」
「セーフ!」「イエス!」

118～119
ページ

マジカル音頭

作詞：鈴木 翼　作曲：大友 剛

※CDのお問い合わせはキングレコードへ。

120~121
ページ

おれたちかいぞく

作詞：鈴木 翼　作曲：大友 剛

1.せ かい のた から め ざし てす すめ う ーみ のこ えを ー き きなー がら
2.う みの ふか くに す まう クラ ーケン きけん がふ ねをね ら ってー いる
たかぶるあらし のりーこえて すいへいせんの さきをーゆけ
どんなときでも おそーれずに なかまとゆめを しんじてーゆけ
お
れたちかいぞくうなりあげて おれたちかいぞくたびはつづく
うみがよんでるぞぼうけんだ かぜのさそいだ しゅっぱつだ
しゅっぱつだ おれたちかいぞくわらいあって
かぜのふくままきのむくまま おれたちかいぞくう
たいあって まだみぬたからをて にいれるさ ヤー!

※CDのお問い合わせはキングレコードへ。

著書

鈴木　翼

（すずき　つばさ）

保育園に勤務をする中で、子どもたちと歌って遊ぶ魅力にハマり、オリジナルの歌作りを始める。5年目に子育て支援センターに転属してからは毎日親子の前で歌うようになり、親子で楽しめる遊びを作るようになる。中川ひろたかさんとの出会いを機に、8年間勤めた保育園を退職し、フリーの遊びうた作家へ。大人も子どもも楽しめる歌作りを目ざし、全国の保育園、幼稚園、子育て支援センターでのライブや保育者向けのセミナーなどを行なっている。おもな著書に『鈴木翼のちょこっとあそび大集合!』（ひかりのくに）、『うたのつばさ』（中川ひろたか・鈴木翼／共著　チャイルド本社）。CDに『こころがおどる』『はみだしたチーズ』『ゴトゴンでんしゃ』（ソングレコード）などがある。

STAFF

イラスト●石川えりこ、北村友紀、早原りさこ、みやれいこ、山下光恵
楽譜浄書●高橋　将
本文レイアウト●株式会社フレーズ
DTP●ニシ工芸株式会社
企画●安藤憲志
編集制作●株式会社童夢
編集協力●河野貴子
校正●堀田浩之

ハッピー保育books⑩

鈴木翼のとっておきあそび大集合！

2011年7月　初版発行

著　者　鈴木　翼
発行人　岡本　健
発行所　ひかりのくに株式会社

〒543-0001　大阪市天王寺区上本町3-2-14　郵便振替00920-2-118855　TEL.06-6768-1155
〒175-0082　東京都板橋区高島平6-1-1　郵便振替00150-0-30666　TEL.03-3979-3112
ホームページアドレス　http://www.hikarinokuni.co.jp

<JASRAC 出 1107635-101>
印刷所　大日本印刷株式会社

Printed in Japan
ISBN978-4-564-60790-5
NDC376　128P　18×13cm